KB201501

개척 80교회의 아버지,

순교자 최권능 목사 일대기

예수 천당

도서출판 드림북은 오직 하나님께 드리는 책,
또한 세상의 모든 그리스도인들에게 꿈을 줄 수 있는 책
그러한 책세상을 꿈꾸며 만들어 가겠습니다.

예 수 천 당

· 2판 1쇄 발행 2005년 12월 5일
· 2판 2쇄 발행 2015년 3월 20일

· 지은이 김충남 박종구
· 펴낸이 민상기 · 편집장 이숙희 · 펴낸곳 도서출판 드림북
· 등록번호 제 65 호 · 등록일자 2002. 11. 25.
· 경기도 의정부시 가능1동 639-2(1층) · Tel (02)2272-9090, Fax(031)829-7723

· 책번호 06
· 잘못된 책은 교환해 드립니다.
· 이 출판물은 저작권법에 의해 보호를 받는 저작물이므로 무단 복제할 수 없습니다.
· 독자의 의견을 기다립니다.
· E-mail : saehan21@hanmail.nett

개척 80교회의 아버지,
순교자 최권능 목사 일대기

예수 천당

김충남 · 박종구 공저

드림북

최권능 목사의 발걸음이 닿는 곳은 어디든 그의 사역지였고, 그가 만나는 사람은 누구나 그의 교인이었던 것이다. 하늘과 땅, 그게 그대로 주님과 만나는 예배의 처소가 되었다. 그는 노상에서 어느 목사도 엄두조차 내지 못할 가장 힘 있고 가장 권세 있는 기상천외의 부흥회를 날마다 인도했고, 그의 호흡이 다할 때까지 전했다. 자기의 입이 그대로 집회의 종소리였고, 그게 그대로 설교의 요지였다.

순교자 **최권능 목사**

순수한 신앙으로 승리의 삶을

한국교회가 시련을 겪던 일제강점기에 이 땅에 신앙의 불을 밝힌 위인들이 있었다.

많은 위인들 중 최권능(崔權能, 1869-1944) 목사도 그중에 한 분이다. 그의 본명은 최봉석(崔鳳奭)이다. 최권능이라는 닉네임은 그의 사역에 권능이 많았으므로 붙여진 천국훈장이다. 그의 훈장은 또 하나가 있다. '예수 천당' 이다. 이는 복음의 핵심을 단순화한 메시지이다.

최권능 목사의 '예수 천당' 은 단순한 전도운동이 아니다. 그것은 역동적인 성령운동이었다.

그의 성령운동은 골방에서 이루어진 것이 아니요, 생명이 숨쉬는 삶의 현장이었다.

그의 성령운동은 바른 영성운동이었다. 성전 울타리 안에서만의 기도운동이 아니요, 새벽 거리를 깨우는 첨병의 뿔고동 소리였다.

그래서 그의 성령운동은 살아있는 말씀의 능력을 보여주는 증언이었다. 순교자의 길, 그 승리의 삶을 보여주는 푯대였다.

우리는 이 위대한 신앙인의 생애를 엮는 첫 작업을 35년 전에 하였다. 이제 다시 수정판을 펴내는 것은, 한국교회에 '예수 천당' 의 신앙이 메아리 짓기를 소원해서다. 그의 순수하고 단순한 말씀 중심의 투명한 열정이 순교신앙의 열매로 승화되기를 소망한다.

감수를 맡아주신 한국교회사가 이찬영 목사님께 감사드리며, 내용을 재구성해 준 월간목회 기획실장 박철홍 목사의 노고를 치하한다.

2005. 11. 15.

김충남 박종구

최권능 목사님께

예수 천당 !

소슬바람 회오리 짓는 광야에 서서
한줄기 빛을 안은
불빛스런 그 외침은
새 역사가 비롯되는 전도의 첫 페이지

부정과 부조리와 불신의 소용돌이 속에서
우직스러울 만큼 단순했던 당신은
파도를 타고 흔들리는
한 잎 고독한 전파자였습니다.

파란 많고 굴곡 겹친 한 생을
곳곳에 심은 복음의 씨앗일랑 스스로 감추고
「예수 천당」의 이 영원한 기적을 남긴 채
속죄제물이 된 당신은
우리의 세례 요한이었습니다.

「예수 천당, 불신 지옥」
당신의 그 소리에
평양의 아침이 오고
신학교 기숙사의 새벽이 오고
성도들의 잠결에 소망의 종소리가 되고
살벌한 거리의 오아시스가 되고
초대교회의 능력의 메아리가 되었습니다.

때로는 불타는 지팡이로 변하는
때로는 성난 사자처럼
도전자의 절규마냥
점점이 새 말씀을 심어 주었습니다.

주님이 부르시기 전
청년 최봉석인 당신은
어쩜 객주집이 당신의 현주소였습니다.
현감에게 폭력을 휘둘러
삭주로 정배를 당했고
그 가운데서 주님은 당신을 부르셨습니다.

세 번이나 낙제생으로 졸업을 못한 평양신학교
그러나 마침내는 기도로 졸업한
당신은 기도의 사람
당신은 성령의 사람
당신은 권능의 기수였습니다.

이방을 향해서 떠나던
초대교회의 사도들마냥
압록강을 건너서, 북으로 간 당신은
만주 벌판 그 눈보라 속에서도
하루 한 끼도 못 채운 허리를 졸라매고
「예수 천당, 예수 천당, 예수 천당」
만나는 사람마다 쏜 예수탄은
얼마나 승화된 말씀이었습니까!

12년 만에 다시 찾아온 조국은
이미 푸른 빛을 잃어갔고
당신은 또다시 토담집에 살면서도
거리로 나와야만 했습니다.

창문 곁으로 지나가는 기차를 향해
「예수 천당」을 외칠 때
손을 흔들어 주는 승객들의 답례를 받고
환하게 기뻐 웃으시던 당신은
이글이글 타는 전도의 용광로였습니다.

서낭당이 있는 마을마다
당산나무 아래 사당을 지어놓은 고을마다
당신의 발길이 닿는 구석구석에서
예수님의 향기는 스며들기 시작했거니

신사참배 강요의 사신우상과 끝까지 대결하여
승리의 면류관인 순교를 하신 당신은
너무나 신실한 주의 종이었습니다.

그토록 복음의 씨앗을 뿌리던 당신은 갔어도
씨앗을 안은 돌짝밭은
아니 옥토는
한점 한점 푸름을 깨우치고 있습니다.

사악한 우상숭배자들 횡포에서
무자비한 그들의 총칼 앞에서
의식을 잃었던 그 고문 속에서
피워놓은 그리스도의 꽃송어리들…

피 흘려 찾아놓은 이 땅에
죽음으로 지켜온 피의 복음을 위해
우리는 무엇을 할 것입니까?
우리가 해야 할 일은 무엇입니까?

한 세대의 승리자는 가고 없는데
무엇일까? 이토록 절실해 오는 것은…

복음은 널리 펴져 있는데
주의 종들은 많아졌는데
길 잃은 양들은 오늘도 저토록 유리방황하고 있는가?

새로운 신학사조는 조수처럼 밀려오고
컴퓨터화한 사회 구조는
긴 그림자를 드리우고 있는데
무엇일까? 이토록 허허로운 우리들의 주변은…

소박했던 시대는 갔습니다.
현대 감각의 너울을 쓰고
거리는 오늘도 현대문명으로 강을 이루는데
낡은 역사 속에 있으면서
강력한 힘으로 우리를 이끄는
당신이 다가오고 있습니다.

새로운 방법이라고 떠들어대는
현대 목회지대에 서면
시야에 들어오는 건 모두 눈물이 되고
차라리 순수했던 「예수 천당」 시대가 그리워지는
어쩜 우리는 연약한 노스탈지어입니까?

소슬바람 회오리 짓는 광야에 서서
한줄기 빛을 안은
불빛스런 그 외침은
우리들의 역사를 마무리 지을
마지막 페이지….

제1장
예수 천당

  그의 사역 가운데 권능과 이적이 많이 나타나 사람들로부터 최권능이란 별명을 얻게 된 것이다. 70노인 목사가 모란봉 위에 우뚝이 서서 자기의 전 인생의 온갖 힘을 다 모으고 체험으로 굳혀진 신념과 지성을 한데 뭉쳐서 외치는 구원의 빛이요, 또 소금이기도 한 목소리….

제 1 장
예수 천당

아직 칠흑으로 덮인 새벽 4시의 평양.

인적이 끊긴 거리에는 싸늘한 바람만이 흙먼지를 날리고, 별을 품은 대동강조차 고이 잠든 도시를 말없이 흐르고 있었다. 새벽 기도를 재촉하는 교회의 종소리보다 앞선 시간, 모란봉이 떠나갈 듯 평양을 깨우는 소리가 들려온다.

"예수 천당!"

'최 목사님이 수고하디 수고해!'

새벽잠을 못 이룬 노인들은 손때 묻은 돋보기로 성경을 읽다가 최권능 목사의 새벽 가두전도 소리가 들려오면 잠시 손을 놓고 어둠이 짙은 창문너머를 향해 저마다 마음속 깊은 곳에서부터 격려를 보냈다. 아낙들은 최권능 목사의 외침 소리를 자명종 시계 삼아 양말 공장에 다니는 식구들의 아침밥을 서둘러 짓기 시작했다. 교인들은 새벽 기도회에 나가기 위해 성경을 손에 쥐었고, 수험생들은 피곤한 눈을 비비며 다시금 책을 펴고 자리에 앉았다. 이처럼 1920년대 말, 평양의 아침은 최 목사의 "예수 천당"이라는 외침 속에 밝아왔다.

"예수 천당!"

오장 육부를 쥐어짜서 분출하는 우렁찬 목소리에는 한 치의 부끄러움도 없었다. 모두가 숨죽인 깜깜한 밤에도 이 소리만은 생동하는 생명력을 가지고 울려 퍼졌다. 그 울림은 무지개의 일곱 빛깔보다도 더욱 영롱하게 어둠이 깔린 창문마다 잔잔한 여운을 남기면서 메아리쳐 갔다. 대동강도, 모란봉도, 대성산도, 보통강도, 대동문도, 경의선 철로도, 일본 총독부의 지점인 평안남도 도청도 이 최권능 목사의 목소리에 익숙했다.

"예수 천당! 예수 천당!"

예수를 알지 못하고, 예수를 전하지 못하면 그것만큼 불행한 일이 없다고 생각했던 최권능 목사의 전도, 그의 전도 방법은 복잡한 이론적 토대를 기초로 철저한 분석을 통해 이루어지는 오늘의 전도법과는 전혀 다른 것이었다. 수많은 신학 이론과 조직적인 전도의 방법론이 홍수를 이루고 있는 오늘의 한국교회 현실에서 그의 전도를 말한다면, 비효율적이고 무모한 전도라고 비판할지 모른다. 그러나 최권능 목사가 전하고자 한 것은 오직 '예수 그리스도'였다. 예수 그리스도로만 구원을 얻고 그를 믿지 않으면 영생을 얻을 수 없다는 이 진리를 그는 미사여구로 포장하거나 왜곡하지 않았다. 그는 하루 일과가 시작되기 전에 먼저 그리스도를 마음밭에 심고자 새벽 4시에 전도를 시작했고, 때를 얻든지 못 얻든지 오직 전했으며, 더 이상 전도할 수 없었던 밤이 되어서야 하루의 전도를 마쳤다.

"예수 천당! 불신 지옥!"

최권능 목사가 살았던 당시의 시대는 오늘의 한국교회가 맞고 있는 전도의 토양보다 훨씬 어려운 시기였다. 일제에 의해 아시아가 북풍 앞에 등불처럼 걷잡을 수 없이 스러져 가고 있던 터였다. 살기 위해 더욱 숨죽여야 했던 그 시절, 새벽을 난타한 종소리보다 더욱 크게 목 놓아 외쳤던 최권능 목사의 외침. 그것은 일사각오의 순교정신을 품고 죄악에 묻힌 백성을 향해 외치는 선지자의 경고와도 같은 것이었다. 그러나 한국 교회사는 '일사각오!'를 외친 주기철 목사만큼, '예수 천당!'이라는 외침의 주인공인 최권능 목사를 주목하지 못하고 있으며, 그의 사역을 온전하게 평가하지 못하고 있다.

1933년 5월 「신앙생활지」에 '칠십 교회의 아버지 최봉석'이라는 제목으로 최권능 목사에 관한 글이 발행인 김인서 목사에 의해 처음으로 게재되었다. 그리고 김 목사는 그의 글 마지막에 이러한 사과문을 첨부했다.

'선생(先生)의 완전(完全)한 전기(傳記)를 쓰려면 평북(平北)과 남만(南滿) 각지(各地) 교회(敎會) 기록(記錄)에서 재료를 수집할 것인데 필자에게는 그만 기회가 없었으매 교계(敎界)에 유포(流布)된 이야기 몇 가지를 모아 가지고 선생(先生)에게 사실(事實)여부만 질(質)하여 보고 발표하는 것이니 선생(先生)과 독자(讀者)에게 대하여 모두 미안(未安)합니다.'

그럼에도 불구하고 이 고백이 70여 년이 지난 지금에도 유효함은 참으로 안타까운 일이 아닐 수 없다.

장로교 목사이며 탁월한 전도인이었고 순교자였던 최권능(崔權能) 목사의 본명은 최봉석(崔鳳奭, 1869-1944)이다. 그의 사역 가운데 권능과 이적이 많이 나타나 사람들로부터 최권능이란 별명을 얻게 된 것이다. 70노인 목사가 모란봉 위에 우뚝이 서서 자기의 전 인생의 온갖 힘을 다 모으고 체험으로 굳혀진 신념과 지성을 한데 뭉쳐서 외치는 구원의 빛이요, 또 소금이기도 한 목소리…. 그 목소리의 울림 속에는 여러 가지의 곡절이 있었다.

제2장
최봉석의 유년시절

청년 최봉석에게 삭주에서의 삶은 귀양살이였다. 심심하고 따분한 세월을 보내야만 됐다. 식지 않은 울분 때문에 그는 날마다 술에 취해 시간을 보냈다. 시름없이 거문산을 쳐다보기도 하고, 압록강 가에 나가보기도 했다. 삭주읍에서 압록강은 그렇게 멀지 않아서 최봉석은 자주 그곳을 찾았다.

제 2 장
최봉석의 유년시절

젊은 혈기의 청년 최봉석

최권능 목사는 1869년 1월 7일 평양 장경문 안에서 최준서 (崔俊瑞)의 셋째 아들로 태어났다. 같은 해 길선주 목사와 언더우드 선교사가 태어났으니, 1869년은 한국을 향한 하나님의 계획이 본격적으로 시작되는 시점이었는지 모른다.

그러나 이조 말엽이었던 당시 우리나라의 사회상황은 그리 좋지 못했다. 정부 관료들은 극도로 부패했고, 해마다 민란이 일어났다. 최권능 목사가 태어난 1869년에는 전남 광양과 고성에서 민란이 일어났고, 1871년에는 영해에서, 1872년에는 안동에서, 1875년에는 울산에서, 1880년에 장련에서 민란이 일어나고, 1891년에 제주와 고성에서, 1892년에는 함흥에서 민란이 일어났으며, 1893년에는 성내, 강계, 함종, 인천, 개성, 철도에서 각각 민요가 일어났다. 1894년에는 철학적 이론으로 무장한 동학란이 일어났다. 동학란이 갑오년에 일어났고, 갑오년은 우리나라가 처음으로 개화를 한 해이기도 하니, 최권능 목사가 태어나 25세 청년이 되기까지의 기간은 격동기였다고 해도 과언이 아니었다.

7세 때 서당에 들어가서 한학을 수학하던 그는 민란의 소문과 나라가 망한다는 얘기를 들으며 청년기를 맞는다. 이러한 영향이었을까, 그의 성격은 무척 괄괄하고 급했다. 안이숙 여사는 자신의 수기에서 소년 최봉석을 이렇게 회고한다.

"최권능 목사님이 어렸을 적에 어디선가 신주를 없애야 된다는 말을 듣고 신주에 오물을 넣었다가 아버지에게 죽을 정도로 얻어맞은 일이 있었습니다."

마음먹은 일은 당장 해치우는 성품을 가졌던 이런 최봉석이 아버지는 내심 걱정스러웠다. 마침내 젊은 혈기로 가득 찼던 청년의 때에 우려했던 한 사건이 발생한다. 당시 최권능 목사의 아버지는 평남 강동군 강동창의 창장, 지금 제도로 말한다면 세무 서장에 해당하는 직책을 맡아 보고 있었다. 그러던 어느 날 현감과 최봉석의 아버지 사이에 언쟁이 벌어졌다.

"젓국을 대령하겠느냐 못하겠느냐?"

"못하외다."

"누굴 어떻게 보고⋯."

"젖에 어떻게 젖국이 있습네까? 딱하외다."

"대령하라면 할 일이지…."

현감은 양반이고 창장은 아전이었다. 신분적인 차이가 있기는 했지만, 참는 것도 정도라는 말이 있듯이, 상황은 죽기 살기로 결단하지 않고는 견딜 수 없는 지경으로 가고 있었다. 분을 참지 못한 현감이 기어이 최봉석의 아버지를 치려는 기세를 보일 찰나, 청년 최봉석이 현감의 앞을 가로막으며 버티고 섰다.

"사람이 사람의 말을 못 알아들어?"

"이게 뭐야?"

"사람이디 사람, 눈에 뵈는 게 없어?"

젊음과 충천하는 혈기가 있을 뿐, 그의 눈앞에는 겁날 것이 없었다. 청년 최봉석은 현감을 사정없이 내려쳤다. 흙발로 배를 몇 번 콱콱 밟기까지 했다.

강동 현감 구타로 평안북도 삭주로의 정배

16세에 평양 감사 민병석의 비서가 되었고 통인(通引), 금광 별장(別將), 포수(砲手), 부령장(部令將), 도령장(都令將) 등을 거쳐 평양감사 밑에 감찰직을 맡아보며 소위 출세의 가두를 걸어가고 있었던 최봉석은 결국 1900년에 혈기를 이기지 못하고 강동 현감을 구타한 사건이 계기가 되어, 감찰의 자리를 이용해서 국고금 3만 량을 횡령했다는 죄를 덮어쓰고 반년 동안 투옥되었다가 5백 리 밖에 있는 평북 삭주로 정배를 가는 신세가 되었다. 부모의 슬하를 떠나 사는 것이 이번이 처음은 아니었다.

"아바디, 다녀오겠습네다."

청년 최봉석은 아버지와 어머니 그리고 두 분 형님과 작별하고 길을 나섰다. 평양 감사 민영휘의 배려로 삭주 망산의 관리권도 받고 집도 마련이 되어 있었고 더욱이 민 감사로부터 그곳 수령들에게 보여줄 소개장을 받아 가지고 떠나는 터라 큰 걱정은 없었다. 하지만 낯선 땅에 죄인의 신세로 쫓겨 가는 길이 즐거운 유람이 될 수는 없었다.

마음이 뒤숭숭한 가운데 발걸음을 옮기던 최봉석은 청군이 벽동으로 쳐들어 왔다는 흉흉한 소문을 객주 집에서 들었다.
'벽동은 삭주에서 그리 멀지 않은 곳인데….'
북녘 땅, 이 나라의 끝이 되는 국경선으로 가는 최봉석의 이마가 시려왔다. 그러나 삭주까지 5백 리의 정배길을 걸으며 발디딜 때마다 원통함으로 그의 온 마음을 절실하게 차지한 것은 '나도 살아야 하고 동포도 살아야 하는데 인심이 썩어서 못 살겠다' 는 생각이었다. 포수 영장이라는 미관말직에서 평양 감사 민영휘의 비서직을 맡아 보고 있었기에 사회의 관계가 얼마나 썩고 소망이 없는가도 충분히 알 만큼은 알고 있었다. 당시 양반들의 꼴을 두 눈으로 생생하게 목격했기 때문이다. 자기가 의지하고 모시며 섬겨온 민대감도 또한 양반이 아니었던가. 평민의 억울함을 풀어 줄 수 있는 사람은 아무도 없는 듯한 외로움까지 밀려왔다.
점점 육체적 피로함도 쌓여 갔다. 후에 이 길은 철로가 부설되었지만 당시는 철길은 고사하고 자동차 길도 없는 도로문명의 원시였다. 그는 순안, 숙천, 박천, 정주 땅에 들어서면서 청천강을 건너고, 구성, 대관에서 삭주까지 5백 리 길을 발바닥이 붓도록 걸어야만 했다. 큰 아들 광윤이를 내외간이 번갈아 업어 가면서 세 식구는 여러 날 걸려서 삭주에 도착했다.

삭주에서의 방황

청년 최봉석에게 삭주에서의 삶은 귀양살이였다. 심심하고 따분한 세월을 보내야만 됐다. 식지 않은 울분 때문에 그는 날마다 술에 취해 시간을 보냈다. 시름없이 거문산을 쳐다보기도 하고, 압록강 가에 나가보기도 했다. 삭주읍에서 압록강은 그렇게 멀지 않아서 최봉석은 자주 그곳을 찾았다.

전장 790km의 압록강은 폭이 꽤 널찍했다. 압록강을 중국인들은 「야루강」이라고 불렀다. 하지만 압록강의 지류는 우리 쪽으로 큰 가지가 많았다. 허천강, 부전강, 자성강, 독노강, 충만강 등이 깊이 산골짝을 후비고 들어와서 남에서 북으로 물을 운반했다. 강바닥이 높아진 때문인지 어떤 곳은 강물이 이쪽저쪽의 들에까지 밀고 들어와 호수와 같이 된 곳도 있었다. 청수에서부터는 강양 쪽이 깎아지른 절벽이 되고 강폭은 다시 좁아지고 물은 깊어졌다. 강가의 산에는 큰 나무들이 빽빽하게, 참으로 아름답게 정글을 이루고 있었다. 수향이라 할 만한 곳이었다.

백두산 천지에서 폭포가 되기도 하고 바위를 깨무는 격류가 되기도 하면서 만주와 우리 땅 사이를 흐르는 압록강은 우리 역사의 여명기에서부터 숱한 사연을 간직한 우리 민족의 맥박이었다. 이곳에서 압록강 바람으로 답답한 마음을 서늘하게 식히고 있노라면, 무엇인가 넓고 더 큰 것이 최봉석을 부르는 것만 같았다. 그러나 무엇인가 일평생을 걸고 할 일이 있을 것만 같긴 한데 그것이 무엇인지 알 수가 없었다.

제3장
최봉석에게 전해진 쪽복음

그러나 교회가 기대한 만큼 수월하게 발전한 것은 아니었다. 찬송 소리가 시끄럽다고 교회를 마구 때려 부수는 일이 벌어지기도 했다. 우호적이라고 해도 기껏 기독교를 하나의 교양학으로 취급하는 풍조를 넘어선 것이 아니었기 때문이다.

제 3 장
최봉석에게 전해진 쪽복음

주님이 최봉석의 마음 문을 두드리시다

1900년 전후 우리나라에는 기독교인의 수가 그렇게 많지 않았다. 이 무렵에는 그나마 의주가 가장 복음이 많이 들어온 곳이라 말할 수가 있었다. 우리 한국에서 최초로 예수를 믿은 백홍준, 이응찬이 의주 청년들이었고, 한국 교회 최초의 설립자 서상륜은 신의주 사람이었으며, 한국인으로서 처음으로 안수를 받은 7인의 목사 중, 양전백이 의주 사람이었다는 것은 이러한 사실을 잘 보여준다.

당시 서북 땅의 선교의 총수격이자 한국 신학 육성의 선봉에 섰던 마포삼열 박사는 1901년 공의회 의장을 맡음과 아울러 평양신학교를 세운다. 한국인 목회자를 양성하기 시작한 것은 시대를 앞서가는 선교 전략이었다.

한편 평북에서는 도사경회를 갖고 다수 교인이 선천에 모여서 전도회라는 것을 만들었다. 김원유, 김경현, 양전백, 정기정 등이 발기인이 된 것인데, 이것이 조선 교회가 처음으로 갖는 전도회의 시작이었다. 이들은 이 전도회를 '평북 전도회'라고 이름을 부르고 활발한 전도활동을 시작했다. 선교사나 목사는 고사하고, 조사마저 귀했던 시기였기에, 평북에서는 구성 이북을 한득룡이, 선천은 정기정이, 선천 이동은 양전백이 맡아서 돌아다니면서 예배를 인도했다.

그러나 교회가 기대한 만큼 수월하게 발전한 것은 아니었다. 찬송 소리가 시끄럽다고 교회를 마구 때려 부수는 일이 벌어지기도 했다. 우호적이라고 해도 기껏 기독교를 하나의 교양학으로 취급하는 풍조를 넘어선 것이 아니었기 때문이다.

1896에 삭주에는 교회가 이미 서 있었다. 약국을 운영하던 백유계가 구성읍에 가서, 책을 한 짐 지고 와서 예수교를 전파하고 삭주교회를 세웠던 것이다.

이 백유계에게 전도를 한 것은 그의 고종제 양전백이었다. 양전백도 1895년 24세 때에 세례를 받은 지가 3년밖에 되지 않는 초신자였다. 양전백은 1895년에 구성군 신시교회에서 마포삼열 선교사에게 세례를 받았다. 그후 양전백은 외사촌 형 백유계에게 전도를 했고 이것이 동기가 되어 삭주교회가 서는 데까지 발전한 것이다. 이것이 1896년의 일이다.

백유계가 고종제에게 전도를 받은 후에 복음을 전할 생각으로 서적을 잔뜩 사서 지고 갔다는 것을 보면 몇 백권을 샀던 모양이다. 백유계는 한의사였다. 병 고치러 오는 사람에게 전도를 시작해 뭇사람에게 전파했는데 김영국, 김종호, 최일형 등 남녀 다수의 신도가 생겼고 이것이 교회를 세우는 기초가 되었다. 다음해인 1897년에 기와집 7간을 사고 초가 6간을 더 사 삭주군 일원의 모교회를 세운 것이다.

그 무렵 압록강 물고기를 안주로 삼아 술을 파는 주막에 최봉석이 들렀다. 이미 술자리와 놀음판이 벌어지고 있었다. 술이 거나하게 취한 사람이 교회를 비방하기 시작했다.

"예수 믿고 천당을 가지 말고 만당을 가라구."

신앙이 없었던 최봉석이었지만 한마디를 툭 던졌다.

"술도 안 마시고 책 끼고 천당 가는 수양을 한다는 게 무어이 나쁘다고…."

무지하게 비난하는 이야기들이 달갑지 않아서였기도 했지만 예수쟁이들은 어쩐지 자기하고 좀 다른 것 같다는 생각을 하고 있던 터에 자신도 모르게 튀어나온 말이었다.

백유계와 최봉석의 만남

어느 날 최봉석이 싸움을 하다 심하게 다쳐 백유계의 이백약국을 찾아왔다. 백유계는 최봉석이 둘째 아들을 낳을 무렵에 도움을 준 터라 이미 서로 잘 아는 사이였다.

"제가 좀 다쳤는데, 죽지는 않겠디요?"

"죽는 게 두렵습네까?"

"아, 그럼 죽는 거 두렵디 않은 사람이 세상에 어딨습네까?"

"내가 죽지 않고 영원히 사는 법을 알려드릴 테니 들어보시겠습네까?"

"알려두시라요. 그런 거이 있으면 사람들에게 팔면 돈 꽤나

벌겠수다."

"죽지 않고 영원히 살려면 예수를 믿어야 합네다."

"그거이….."

"제가 이 책을 드릴 테니 한번 읽어보시겠습네까?"

"뭐 한번 보디요."

"그리고 제가 빨리 병이 나으시라고 기도를 해드려도 될까요?"

"그러시라요. 병이 빨리 나을 수만 있다면 손해볼 것 없디요."

백유계는 간절하게 최봉석을 위해 기도를 했다. 묵묵히 기도를 듣고 있던 최봉석은 이러한 천리타향에서 자기의 신상을 염려해주며 간절히 기도하는 백유계의 모습에 감동을 받았다. 그의 기도가 마치자 최봉석은 조심스럽게 입을 열었다.

"근데…, 그 예수는 누구든지 믿을 수 있는 것이오?"

내심 청년 최봉석은 어쩐지 누가 '너같이 불량배 같은 사람은 믿으면 안된다' 는 말을 할 것만 같았기 때문이다. 강동 현감을 두들긴 데 대해서도 마음속에는 아직도 절반 정도는 양심의 가책을 느끼고 있었다. 지방의 관리는 그 지방의 관장이라 부형같이 섬겨야 한다는 이조시대의 순박한 백성의 양심이란 것이 발동하고 있었기 때문이다.

"그럼요!"

이 일이 계기가 되어 최봉석은 쪽성경이지만 성경을 한 권 받아서 읽어보기도 하고, 백유계의 소개로 삭주교회의 신도들과 정식 인사를 하게도 되었다.

이때가 1902년, 청년 최봉석의 나이 33세가 되는 해의 일이
었다.

원산 부흥운동과 함께 불붙은 최봉석의 신앙

이듬해인 1903년은 한국 교회의 부흥의 시발점이 된 해였다.
1907년 평양 대부흥운동의 서막을 이루는 한국 교회 부흥의 불
이 1903년 제일 먼저 원산에 떨어져 불붙기 시작했기 때문이
다. 같은 해 하늘에서 불덩이가 가슴에 떨어져 죽는 꿈에 놀라
자리에서 일어난 최봉석은 예수 그리스도의 십자가 앞에 고꾸
라져 회심을 하게 된다. 최봉석은 무슨 일이든지 시작하면 전력
을 다하는 성미라 열심으로 믿었다. 백유계의 소개로 평양에서
감리교의 노블(W. A. Noble: 魯普乙) 선교사를 만나게 되고 그
에게 학습과 세례를 받는다.

1904년 러시아와 일본 사이에 전쟁이 벌어지고 보니 교회에
서도 화제가 자연 전쟁이었다. 청국에게 이겼으니 이번에도 일
본이 이길 거라는 말도 나오고, 일본은 예수를 안 믿는 나라고
러시아는 믿는 나라니까 러시아가 이길 거라는 의견이 분분했
다. 이 노일 전쟁은 단순히 애깃거리로 흘러 넘어갈 강 건너 불
이 아니었다. 선천읍교회에서 수천 명이 모여 평북 사경회를 하
는데 러시아 군대가 들어와서 일본군과 충돌하는 바람에 사경
회는 중지되고 신도들은 도망가는 변이 생겼다. 이러한 사태가
벌어지기 몇 년 전에도 압록강 건너 집안현 이양자교회에서는
의화단이 일어나서 교회에 불을 지르고 선교사를 학살하는 사
건이 있었던 터였다.

그럼에도 불구하고 교회는 성장하였다. 1904년에는 초산읍 교회에서도 여전도회를 조직하고 전도인 이용빈을 도원면에 파견하여 여러 군데에 교회를 세웠으며, 강계읍교회에서는 남녀 전도회를 만들어서 전도인 수명을 장진, 후창 등지에 보내 교회가 수처에 서게 되었다.

•

제4장
전도자 삶의 시작

　벽동에 있는 그의 집은 집이라기보다는 변두리에 다 쓰러져 가는 움막이었다. 이러한 사정을 알고 있었던 벽동의 교인들은 최권능 조사가 모르게 수수 가마, 쌀 가마, 밀 가마 등을 사립문 곁에 놓아두고 갔다. 마치 초대 교회 성도들처럼 숨은 봉사로 왼손이 구제하는 걸 오른손이 모르도록 한 이 순수한 신앙이 최권능 조사의 주변에는 늘 있었다.

제 4 장
전도자 삶의 시작

집사 최봉석

믿음이 깊어가던 최봉석은 1905년 삭주교회에서 집사로 피택된다.

"하나님은 당신 같은 유능한 기골이 있는 인재를 구하고 있습네다. 우리 평북에서는 팔도에 앞서서 전도회를 만들어 활동하고 있습네다. 내 고종제가 되는 양전백이 거기 발기인이 되었디오. 그러니 전도인으로, 나아가서는 목사가 되어 새 문명을 받아 가디고 우리도 열심히 일을 해봅시다요."

최봉석에게 복음을 전한 백유계는 이번에는 그가 전도자의 삶을 살 수 있도록 길을 열어주었다. 최봉석은 양전백의 추천으로 책을 팔며 전도를 하는 매서인이 되어 벽동 · 강계 · 위원 · 초산 · 자성 · 창성 및 압록강 건너 통화현까지 전도하기 시작했다. 그리고 간사를 도와서 일을 보던 경력이 있는 데다 신앙에 열성이 있고, 모든 사람을 지도할 만한 도량이 있는 최봉석은 다음해인 1906년 백유계의 뒤를 이어 삭주교회 영수가 되기에 이른다.

최봉석 집사를 통해 하나님이 보이신 이적들

박용규 목사의 책, 「평안도 그 한 사람」을 보면 죽은 송아지를 놓고 3일간 기도한 끝에 살려 내어서 큰 영광을 하나님께 돌린 일이 기록되어 있다.

죽은 송아지를 좀 살려 달라고 최봉석 집사에게 시집을 갓 온 새댁이 부탁을 했다. 농촌에서 송아지 한 마리가 죽었다고 하는 것은 큰일이었다.

"집에 새사람이 시집오고 얼마 안 있어 송아지가 죽었으니 재앙을 몰고온 게야. 쯧쯧."

사람들은 새댁이 들어와 집안에 불운이 생겼다고 저마다 한 소리씩하며 혀를 찼다.

매서인으로 돌아다니는 동안에 궁핍한 농가를 많이 보아온 최봉석 집사의 마음속에 이러한 사정으로 구박을 받는 새댁에 대한 동정심이 일었다. 어떠한 확신이 있었던 것은 아니지만 최봉석 집사는 송아지를 놓고 기도하기 시작했다. 그러나 하루를 꼬박 기도해도 송아지는 바위나 한가지로 꼼짝도 안했다. 오히려 밤을 꼬박 새우며 기도를 하는 열성에 그 집 사람이 감동을 받은 모양이었다.

"집사님 몸이 상하시겠습니다. 우리가 부탁을 한 게 잘못입니다. 이제 그만하시지요."

순간 그는 하나님께 대한 부끄러운 마음이 등줄기를 차갑게 타고 내리는 느낌을 받았다. 여러 가지 생각이 최봉석 집사의 머리를 스쳐지나갔다.

'나는 지금 왜 기도하고 있는가. 어린 양… 송아지…. 이놈이 커서 농군들의 짐을 짊어지고 가야 한다. 그렇다! 송아지가 없는 이 사람들이 불쌍하듯이 십자가를 지고 가는 어린양이 없는 우리 동포들은 얼마나 불쌍한가. 아니 전쟁으로 서로 죽이는 이 말세의 인간들은 무슨 희망이 있는가. 주님 이 땅의 황무함을 보시고 긍휼을 베풀어 주소서.'

주변에 무슨 일이 일어나는지 모를 정도로 최봉석 집사는 기도에 깊이 몰입해 있었다.

"어이구, 감사합네다."

이적이 일어났다. 송아지가 아무 일도 없었다는 듯이 벌떡 일어났던 것이다. 주인과 주변사람들은 연신 허리를 굽히며 최봉석 집사에게 감사를 표했다. 하나님이 자신의 기도에 응답하신 상황을 목도한 최봉석 역시, 자신의 눈앞에 펼쳐진 광경이 놀랍기는 마찬가지였다. 고마워하는 주인과 수고했다는 주변의 격려를 듣고 있자니 하나님이 받으실 영광을 가로채는 것만 같아서 송구스럽고 미안하기만 했다.

"저에게 고마워하실 필요 없습네다. 저는 하나님이 시키시는 대로 한 것뿐입네다. 그러니 예수를 믿어야 합네다."

"예, 그럼요, 믿어야지요. 믿습네다."

이 일로 가정이 구원을 얻었고 소문은 순식간에 퍼져나갔다.

최봉석 집사에게 나타난 신유의 은사

구성서 전도할 때에의 일이다. 최봉석 집사는 잠시 쉬며 유할 곳을 찾고 있었다. 마침 인가의 불빛이 눈에 들어와 달음질을 해서 찾아가보니 주막집이었다.

"여보시오. 계십네까? 하룻밤 묵자구요."

"저 쪽 문을 열고 가서 자시라요."

주모가 가리킨 곳을 보니 헛간 같은 곳이었다. 최봉석 집사는 문을 비집고 들어가 짐을 내려놓으며 찬찬히 살피니 술독 두는 방이었다. 아직 해가 지려면 조금 시간이 있었다. 그는 서둘러 쪽복음을 챙겨 가지고 인근 동네로 찾아갔다. 만나는 이들에게 "이것 공짜니 거저 받으시오" 하고 쪽복음을 나눠주며 전도를 하다가 다시 주막으로 돌아와 술통 옆에서 잠을 청했다.

새벽이 되어 새벽기도를 드리기 위해 최봉석 집사는 잠자리를 정돈하고 있었다. 갑자기 밖이 어수선해지기 시작했다. 사람들이 험상궂은 얼굴로 찾아와, 걷어붙인 팔에 부지깽이를 들고 마당 한가운데 서서는 고함을 치고 있었다.

"책장사 어디 갔어? 이리 나와! 내가 잡아 죽일 테다."

주막집 주인이 놀라 맨발로 마당으로 뛰어나갔다.

"무슨 일이오?"

"어제 그 놈이 독이 묻은 책을 주어서 우리 아버님이 그 종이로 담배를 말아 피우시려고 침을 바르다가 독물이 입에 묻어 죽었어요."

소란스러운 소리를 듣고 있던 최권능 집사는

"나 여기 있소" 하고 문을 열고 나갔다. 주막에 있던 사람들

까지 합세해서 분위기는 살기등등했다. 장정 몇이

"이 살인자 오늘이 네 제삿날인 줄 알아라"며 그의 멱살을 휘어잡았다.

최 목사는 "허허" 하고 웃으면서 그들의 옷소매를 뿌리치고는 위엄 섞인 목소리로 말했다.

"회개하고 예수를 믿으면 내가 죽은 당신 아버지를 살릴 테니 믿겠소?"

"믿겠습네다."

"아버지가 계신 곳이 어디입네까. 앞서시라요."

죽은 노인 집에 들어서니 그 노인은 몸이 꼬여서 죽어 있었다. 최봉석 집사는 주님께 간절히 기도를 드리기 시작했다. 얼마가 지났을까. 한참 기도를 드리던 중에 기적이 일어났다. 시체가 된 노인이 기지개를 하기 시작하면서 입으로부터 거품을 내어 놓고 회생하였던 것이다. 이 기적으로 인해서 살아난 영감을 비롯하여 온 동리의 사람들이 예수를 믿게 되었다. 최봉석 집사는 이곳에서 3개월을 머물면서 교회를 세웠다. 그리고는 또 계속해서 전도의 길을 재촉했다.

이처럼 최봉석 집사는 자신도 입교 이후에 무병하였거니와 그가 안수기도하여 신유은사를 받은 자가 수백 명에 달했다. 그중 간질병자를 가장 많이 고쳤다. 그에게 이러한 권능의 이적이 많이 일어나자 언젠가부터 사람들은 그를 '최봉석' 대신 '최권능'이라고 부르기 시작했다.

1907년 평양 대부흥운동

변종호 목사 저「한국 기독교사 개요」를 보면, 한국 교회사상의 3대 부흥운동이란 기록이 있다. 그 가운데에 평양 지방의 영적 분위기를 묘사한 글이 있다.

길선주 목사는 1907년에 평양신학교를 졸업하고 그 해에 목사 안수를 받았던 것이다. 그런데 길선주 목사가 예배를 인도하는데 홀연히 어디서인지 거센 바람 소리 같은 것이 윙윙 들려왔다. 평양의 신도들은 성령 강림을 대망하는 기도를 드리고 있었다. 1907년 1월 14일 월요일 저녁 집회에 그레이험 리 목사가 짧은 설교를 한 후에 한두 분 기도를 하라고 하니까 그냥 연이어 기도가 터져 나왔다. 회개하고, 자복하고, 통회하고, 기도가 쏟아져 나와서 이 집회는 새벽 2시까지 계속되었다. 합심통성기도가 된 것이다. 이것이 계기가 되어 한국교회에 '통성기도'라는 제도가 생겼다.

1907년 2월, 숭실전문과 숭실중학교가 개학이 되자 학교 안에도 큰 부흥이 일어났다. 이 불길은 또 평양 여성경학교, 감리교 성경학원, 평양신학교에도 퍼져 갔다. 신도 총수가 34% 증가했고, 학생 신자가 72% 증가했다는 기록이 있다.

벽동에서의 사역

그는 1908년 평북 노회에서 전도사가 된 후 그해 벽동교회에 조사로 부임했다.

삭주의 이웃 군인 창성군의 동북이 벽동이었다. 벽동이란 곳은 조선 초기에는 여진족이 살던 곳이었다. 우리 민족이 이 여진족을 물리치고 살기 시작한 지가 얼마 되지 않은 곳이다. 우람한 낭림산맥이 백두산 줄기를 끌어 안아 높고 낮은 봉우리를 데불고 구비구비 압록강이 감돌아 흐르는 곳이었다. 2천 리를 흘러가는 압록강의 강폭은 벽동, 창성, 삭주로 내려오면서 급하게 넓어진다. 강 이쪽과 저쪽으로 큰 늪이 생겨서 수촌을 이루어 경치가 여간 좋지가 않다. 또한 읍 앞에는 호수가 있었기 때문에 어떻게 보면 벽동은 물 위에라도 떠 있는 것처럼 보이기도 한다.

그러나 북위 41도선 이북이 되는 이 고장은 겨울에는 혹한이 닥친다. 다리의 근육이 망가지도록 길을 걷기도 하고 굶기도 하면서 전도하던 최권능 조사도 겨울에는 많이 다닐 수가 없었다는 것을 보면 그 추위가 얼마나 심했던지를 짐작해 볼 수 있다.

이곳에 위치한 벽동교회는 1907년에 선 교회다. 벽동교회는 박해 속에서 자라났다. 김태윤, 김서면, 안태흠 등이 처음으로 믿기 시작했다. 모두 열심은 있었지만 담이 약하고 소심했다. 교동에 있는 김웅주의 사제에 모여서 예배를 보는데 주위에서 너무나 심하게 박해를 하여 산이나 강변에 숨어서 예배를 드리는 형편이었다. 이 무렵의 교인들은 교회에 불을 질러도, 두들겨 패도, 그냥 참고 불신자들의 영혼을 불쌍하게만 생각했지 대항하는 사람이 없었다. 물론 경찰이나 관의 세력에 등을 대고 예수를 믿는 것이 아니었다. 그러니까 불을 지르는 사람이 회개하고 예수를 믿어만 주기를 바랄 뿐이었다.

최권능 조사가 벽동에서 전도할 때에 교인 조관호가 구인 합자상회에서 돈을 잃어버리고 그일로 인해 발생한 신용문제로 고심하다가 자리에 드러누운 일이 발생했다. 심방을 간 최권능 조사는 '기도하면 돈도 찾게 되고 동업자간 의심도 풀리리라'고 위로하고 일주간 기도회를 열었다. 그런데 기도회 제칠일 마지막날에 조씨상회에 십원 지폐를 바꾸러 온 사람이 있었다. 그것이 단서가 되어 경찰에 알리지 아니하고 잃어버린 돈 전부를 찾아내어 무사히 사건을 마무리하게 되었다. 마지막 기도회에서 3장 찬송을 마칠 무렵 이소식이 최권능 조사에게 전해졌다.

예수 천당!

눈 덮인 산길을 걸어가는데 숲 속에 '부스럭' 하는 소리가 났다. 최권능 조사도 인간이기에 두려움이 생겼다. 그는 평소 외로울 때면 부르곤 하던 찬송을 시작했다.

예수사랑 하심은 거룩하신 말일세
우리들은 약하나 예수권세 많도다.
날 사랑하심 날 사랑하심
날 사랑하심 성경에 써 있네.

찬양을 부르다가 문득 '여기는 일본 사람도 살고 만주 사람, 중국 사람이 다 있다. 그러나 예수라면 다 통하지 않는가' 라는 생각이 들었다. 믿든 안 믿든 '예수' 라면 통한다는 것을 그는 알고 있었다. 버럭 소리를 질렀다.

"예수!"

갑자기 검고 붉은 소나무 둥지 사이로 불덩어리 같은 것이 툭 튀어나왔다. 놀라 뒤로 넘어지며 바라보니 노루였다.

'만물이 다 정이 있다는데 노루도 예수를 믿어야 할 게 아닌가!'

그는 뛰어가는 노루의 귀에 '예수! 예수! 예수!' 하고 소리를 질렀다.

노루에게 전도한 이 이야기는 후일 많은 사람들의 입을 통해 회자되곤 했다.

노영선 목사는 그를 회상하며 자신과 나눈 대화를 말해주었다. 노영선 목사가 장로로 시무하던 강동의 무진교회에서였다. 당시 최권능 조사는 목사 안수를 받고 만주에서 전도하던 때였다. 노 장로의 얼굴에는 마마로 얽은 자국이 있었는데, 최권능 목사는 노 장로를 보면 늘 농담을 하는 것이었다.

"오마니 뱃속의 거친(얽은) 것은 다 갖고 나왔으니 노 당노님은 참 효자디. 얼마나 속이 편하갔소. 오마니가 많이 됴화하갔수다레."

노 장로로 봐서는 상대가 목사님이라 한두 번은 가만 듣고 있었지만 여러 번 반복되자 한마디 응수를 안 할 수가 없다.

"목사님은 천당 가면 보통 사람보다 더 도흔 산골에 가서 살게 되갔습니다레. 노루 보고 전도를 했으니 노루가 천당에서 가티 살자 안하갔시오!"

그리곤 둘이서 호탕하게 웃었다는 이야기다.

이렇듯 여러 군데 가서 전도를 하고 다니는 동안에 최권능 조사는 여러 가지로 깨닫는 점이 많았다. 청일, 노일 두 전쟁으로

서슬이 푸르게 날뛰던 일본인들도 결국은 총 한방에 죽고 만주 벌판에는 일본 군인들의 시체와 러시아군의 시체가 산더미처럼 쌓였다.

그는 힘써 전했다. 성경도 잘 배부하고 전도도 잘 했다. 그의 전도에 대한 욕심은 끝이 없었다. 지나가는 사람 중 한 사람도 놓칠 수 없었다. 일일이 붙잡고 전할 시간이 부족한 것이 너무나 안타까웠다.

'어떻게든 전해야 하는데…, 나에게는 예수 믿으라고 말할 의무가 있다. 안 믿는 것은 그 사람 책임이라고 할지라도 나는 무조건 전해야 한다. 단 한번이라도…,'

그는 쪽복음을 가지고 다니며 만나는 사람들에게 계속해서 외치기 시작했다.

"예수 천당!"

천자문도 10년 읽은 사람과 5년 읽은 사람이 다르다는 말이 있다. '예수 천당!'을 외치던 최권능 조사는 목소리와 억양을 잘 조절해서 사람들 속에 있는 마귀가 탁 거꾸러지도록 해야 되겠다는 생각이 들었다.

연대장에게 전한 예수

위풍당당하게 수행원을 거느린 일본군 연대장이 말을 타고 오고 있었다. 문득 성경 속의 백부장이 생각났다. 믿음이 좋다고 큰 칭찬을 들은 백부장처럼, 저 연대장도 예수를 믿어야 한다고 생각했다. 당시 일본군은 노일 전쟁에도 이겼겠다, 조선 사람쯤은 보호국의 미개족속으로 여기고 사람 취급도 안할 때다. 연대장이 말을 타고 최권능 조사 앞을 막 지날 순간이었다.

"예수 천당!"

버럭 소리를 질렀다. 말이 놀라서 껑충 뛴다. 연대장은 말에서 별안간 떨어져 기절을 했다. 일본 군인들은 말은 알아듣지 못하고 최권능 조사가 고함을 지른 것은 봤기 때문에 우르르 달려와서 총을 겨누었다.

"내가 기도하면 살아요."

일본 군인들이 이 말을 알아들을 리가 없었다. 일본말을 잘할 줄 아는 사람이 뛰어와서 통역을 했다. 최권능 조사는 열심히 기도를 드렸고 연대장은 곧 깨어났다. 최권능 조사는 연대장에게 "당신도 예수 믿고 천당가야디"라고 말하며 미소를 지었다. 전도자 최권능 조사의 눈에는 오직 예수가 있을 뿐이고, 민족의 차별의식은 없었다.

타문헌에는 회생한 연대장이 최 목사에게 정중하게 감사의 예의를 표했다는 기록이 있다.

그 후 일본 관헌들은 연대장이 낙마했던 자리에다 '최봉석! 다시 이런 일이 있으면 즉결 처분한다!'라는 경고장을 붙였다. 다시 그곳에서 복음을 전하다가 경고장을 발견한 최권능 조사는 벽보를 뜯어 가지고 잘 접어서 호주머니에 넣었다. 집에 돌아온 최권능 조사는 호주머니에서 그 접은 경고장을 내어 놓으면서 부인에게 말했다.

"이것 보시오. 면류관에 별이 붙었우다."

'예수 천당'으로 구원받으면 면류관은 하나님께 받을 것이요, 그 일로 인해서 박해를 당하니 별을 얻을 것이라고 했다.

"여보, 면류관이고 뭐고 아침거리가 없어요."

부인은 힘없이 누운 채 신음 비슷하게 말했다.

"그렇게 믿음이 없오? 당신의 하나님 아버지가 세상을 떠났는가? 하하, 육신만 생각하는 사람은 참 답답도 하군. 기도만 하면 아버지가 주실 터인데…."

최권능 조사는 큰 소리로 부인을 꾸중했다. 벽동에 있는 그의 집은 집이라기보다는 변두리에 다 쓰러져 가는 움막이었다. 이러한 사정을 알고 있었던 벽동의 교인들은 최권능 조사가 모르게 수수 가마, 쌀 가마, 밀 가마 등을 사립문 곁에 놓아두고 갔다. 마치 초대 교회 성도들처럼 숨은 봉사로 왼손이 구제하는 걸 오른손이 모르도록 한 이 순수한 신앙이 최권능 조사의 주변에는 늘 있었다.

예수를 믿는 신도는 얼마 안 가서 자기의 전 재산이 하나님의 것인 줄 알았다. 그리고 죽을 때는 교회에 바치는 것을 유언하는 신도가 많았다. 신도들은 서로 다투어 가며 최권능 조사를 대접하려 했다.

1907년부터 1914년까지 7년간 벽동에서 지내는 동안에 많은 교회를 설립하지는 못했으나 초인적인 이적을 많이 나타내었다는 기록들이 있다.

제5장
평양신학교와 목사안수

마음이 자꾸만 조급해졌다. 이 땅에 예수를 알지 못하고 죽어가는 영혼이 너무나 많다는 생각이 들면서 심장이 빠르게 요동치기 시작했다. 우리 민족은 물론이요 일본인들까지 불쌍한 어린아이로만 생각이 되었다.

제 5 장
평양신학교와 목사안수

전도를 향한 비전

　최권능 조사는 신학을 공부해서 목사가 되어야 하겠다는 결심을 하고 1908년 평양신학교에 입학을 했다. 평양신학교는 1901년에 마펫(S. A. Moffett) 선교사가 평양에서 선교 활동을 하던 중 김종섭과 방기창 두 사람을 데리고 그의 사랑방에서 신학반을 운영하면서 시작되었다. 최권능 조사가 입학하기 한 해 전인 1907년에 평양신학교는 제1회 졸업생을 배출하였다. 7명 가운데에는 영계의 거장 길선주 목사, 백유계에게 복음을 전하고 독립선언서에 서명한 33인 중의 한 분이 된 양전백 목사, 토마스 목사의 순교를 소년의 다감한 눈으로 목격한 서경조 목사가 있었다. 상급생 중에는 한국 부흥사로서 첫 번째 꼽히는 김익두 목사가 공부하고 있었다.

　신학교에 입학한 최권능 조사였지만 미래에 대한 구체적인 계획이 서 있었던 것은 아니었다. 신학을 수학하는 동안 최권능 조사는 수많은 고민과 갈등, 그리고 선택의 기로에 서야만 했다. 그러나 그에게 변치 않는 단 한 가지의 푯대가 있었다.

'내가 이미 얻었다 함도 아니요 온전히 이루었다 함도 아니라 오직 내가 그리스도 예수께 잡힌 바 된 그것을 잡으려고 좇아가노라 형제들아 나는 아직 내가 잡은 줄로 여기지 아니하고 오직 한 일 즉 뒤에 있는 것은 잊어버리고 앞에 있는 것을 잡으려고 푯대를 향하여 그리스도 예수 안에서 하나님이 위에서 부르신 부름의 상을 위하여 좇아가노라.' (빌립보서 3장 12-14절)

그것은 전도 목사에 대한 비전이었다. 당시 목사의 사역 형태는 크게 두 가지로 나눌 수 있었다. 하나는 교회를 담임하는 '목회 목사'였으며, 다른 하나는 '전도 목사'였다. 당시 전도 목사는 우리나라 복음화에 중요한 획을 그었다. 총회의 회록을 살펴보면, 일본 사람의 세력으로 이 땅이 감옥과 같이 어두워지고 있던 시기였지만 예수 그리스도의 복음을 들은 이들은 복음을 받자마자 우리 동족이 사는 곳이면 시베리아, 만주, 하와이 등 어디든지 찾아가서 복음을 전한 눈물겨운 동포애를 발견할 수 있다. 그리고 그 선봉에 전도 목사가 있었다. 이러한 잃어버린 양을 찾기 위한 복음의 생명력은 일제 하의 민족의 해방 전선과 함께 그 옛날 초대 교회와 같은 맥박으로 호흡하고 있었다.

한국 기독교의 초창기에 우리나라에 들어온 선교사들의 헌신은 참으로 대단한 것이었다. 그들이 뿌린 복음의 씨앗이 오늘의 한국 기독교가 세워지는 초석이 되었음을 부인할 수 없다. 그러나 한국에 들어온 모든 선교사들이 선교에 그들의 젊음을 불태운 것은 아니었다. 개중에는 가마나 타고 다니고, 여름에는 피서지로, 겨울에는 따뜻한 난로가에서 책만 뒤적거리는 이들도 있었다. 이러한 모습을 본 신학생 최권능 조사는 비윗장이 뒤틀릴 때가 있었다. 그들에게서 예수 그리스도의 냄새를 맡을 수 없었던 최권능 조사는 밤잠을 설치며 뒤척이기 일쑤였다.

가장 가깝고 곧은 길을 직선으로 가는 성미를 지녔던 최권능 조사. 돌아누운 그의 머릿속에 예수 믿기 전 젊은 혈기로 아버지가 현감에게 참을 수 없는 수욕을 당하고 매를 맞게 될 순간 자신도 모르게 그 현감을 때려 눕혔던 기억이 스쳐 지나간다.

'불쌍타, 불쌍해!'

자신도 모르게 탄식 섞인 한숨이 새어 나왔다. 그 일로 인해 분함을 견디지 못하고 압록강을 바라보며 어금니를 깨문 게 수천, 수만 번이었다. 그러나 그의 마음 한구석에는 예수의 긍휼이 조금씩 자라나고 있었던 것이다. 예수를 깊이 알면 알수록 그들이 참된 진리를 알지 못하는 것이 안타까워졌다.

'예수를 믿어야디.'

마음이 자꾸만 조급해졌다. 이 땅에 예수를 알지 못하고 죽어가는 영혼이 너무나 많다는 생각이 들면서 심장이 빠르게 요동치기 시작했다. 우리 민족은 물론이요 일본인들까지 불쌍한 어린아이로만 생각이 되었다. 그런 생각 한 편에서는 원망이 일기 시작했다. 설교를 몇 시간이나 잘 한다고 뽐내는 신학 박사나, 일본인들에게 아부하여 정치만 일삼는 주구파 목사들이 허비하는 시간이 참을 수 없었다.

'예수를 전해야디…, 예수를 전하디 않음 벙어리야.'

‘예수를 믿어야 천당가디.’

‘일단 예수 믿어야 천당 간다는 것만이라도 알려줘야 하디 않겠어?’

‘그래 예수 천당이야, 예수 천당’

그의 전도는 단순했다. 그는 세례요한과 같이 세상을 향해 외쳤다. 그의 외침은 복음의 핵심 중 핵심이었다. 자세한 것은 성경을 읽으면 된다고 성경을 나누어 주었다. 성경에는 예수께서 천당을 설명한 말이 있기 때문이다.

그는 자리를 박차고 일어났다. 시간이 없었다. 조금이라도 더 예수를 전해야만 했다. 옷을 챙겨 입으면서 그는 중얼거렸다.

‘나는 진리를 증거하는 주의 종이다. 그 진리를 알리는 새벽 닭의 외침이 되리라.’

어둠이 짙은 거리에 나온 그는 외치기 시작했다.

“예수 천당!”

‘전하디 않음 벙어리.’

“예수 천당!”

‘예수님은 자기를 높이는 것을 좋아하지 않으시디.’

“예수 천당!”

‘예수님는 아첨하는 것을 좋아하지 않으시디.’

“예수 천당!”

원통하고 분하고 견딜 수 없는 심정이 되어 이 마을에서 저 마을로, 저 마을에서 이 마을로 외치며 돌아다녔다.

신학공부

최권능 조사는 신학교에서 기대하는 모범적인 학생이 아니었다. 신학생 최권능의 일상은 다른 이들과는 전혀 달랐다. 새벽부터 전도하러 기숙사를 나가서 잘 시간이 다 되어서야 돌아와 지친 몸을 뉘었다. 전도하다 수업시간을 놓치는 경우가 수없이 많았고, 시험 때에는 백지를 내었다. 그에게 신학교의 학과 성적 같은 것은 문제가 아니었다. 20점이 되건 0점이 되건 그것은 그와는 전혀 상관이 없는 듯이 보였다. 목사가 되기 위해서 신학교에 입학했지만 어쩐지 성경을 학문적으로 공부한다는 것이 무언가 어색했고, 공부 좀 했다는 선교사나 선배들의 모습에서 어떠한 도전도 받을 수가 없었기 때문이다.

신학교 기숙사가 시험공부에 열을 내고 있는 신학생들의 책장을 넘기는 소리만 간혹 들릴 뿐 공부의 열기와 적막으로 가득했던 어느 날이었다. 전도를 하고 돌아와 벽에 기대앉은 최권능 조사는 주위를 둘러보며 잠시 생각에 잠겼다. 동료들이 시험에 조금이라도 좋은 성적을 얻어, 좋은 교회에 가서 봉급이나 많이 타 먹기 위해 공부에 열중하는 것 같아 그 꼬락서니가 너무도 아니꼬웠다. 얼마가 지났을까. 최권능 조사는 성경책을 집어 들었다. 그리곤 일부러 큰 소리로 성경을 읽어댔다.

"조사님, 시끄러운데 좀 조용하시오."

"말씀은 빛인데…."

"시끄럽대도!"

"빛이 싫은 모양이디? 성신 못 받은 모양이군…."

"…."

"빛이 어둠에 비쳐도 어둠은 모르디….."

"……"

"이보라우, 빛을 전해야디."

최권능 조사는 자리를 털고 일어나 기숙사 밖으로 나왔다. 기숙사에서도 잘 들리도록 한바탕 크게 소리를 질렀다.

"예수 천당!"

2학년이 되던 1908년에는 최권능 조사가 40세가 되었다. 불혹이란 말이 있다. 세상일에 이리저리 유혹되지 않는다는 나이 사십…. 예수에 미친 최권능 조사는 이미 예수 전하는 일 외에는 모든 것을 분토와 같이 여기고 있었다. 학점도 그의 전도에 대한 열정을 붙잡을 수는 없었다. 1학년 때 그의 성적은 성경 시험만 60점을 겨우 넘었을 뿐, 조직 신학이나 구약 신학은 모두 낙제 점수였다. 신학지식이 결국 율법주의와 외식이 되고 마는 선례가 한국 기독교의 초기에도 있었다. 신학교가 오히려 예수를 법으로 묶는 그물을 제공하는 듯했기에 신학교에 입학하기 전부터 말씀과 기도의 권능을 나타낸 최권능 조사에게는 신학에 대한 거부감을 주었던 것이다.

"최봉석 조사는 공부 너무 안 해서 걱정입니다."

어느날 마포삼열 교장은 교내의 골칫거리가 되어 있던 최권능 조사를 불러다가 주의를 시키고 있었다. 최권능 조사는 신학 박사에다가, 문학 석사며, 미남자로 의젓한 마포삼열 교장의 풍채를 멀거니 바라보았다. 마포삼열 교장은 이 무렵에는 중년 신사의 건장한 분이었다. 그의 얼굴에는 어딘가 자리 잡혀 가는 한국 교회 중진으로의 관록이 생겨가고 있었다. 어쩐지 주님의 무조건적인 사랑과는 좀 다른 것 같았다. 너무 세련된 모습이 오히려 인간 냄새가 나는 것 같았다. 최권능 조사는 면전에서 말은 못하고 속으로는 엉뚱한 생각을 하고 있었다.

'마귀들이 우글우글한데 예수탄을 쏴야지 딴 총알로는 아무 소용이 없디요.'

최권능 조사는 신학탄은 비둘기에게 콩알을 쏘는 거밖에 안 된다고 생각했다.

'불발탄을 쏘면 안돼!'

최권능 조사가 어렵게 말문을 열었다.

"교장선생님, 학과 성적이 제일 중요한 겁니까?"

"네, 공부를 열심히 해서 옳은 생각이 있어야 마귀의 시험에서 이길 수 있습니다. 사람의 혈기만으로 전도 안됩니다."

최권능 조사는 자신의 전도 의욕과 열심이 혈기라고는 아무리 생각해도 판단이 안되는 것이었다.

'사신우상(邪神偶像)에 불을 처지르고 때려 부수고 예수 천당!을 외치며 여러 차례 죽을 고비를 넘겨왔던 내가 아닌가. 이것이 혈기란 말인가?'

천성은 그렇게 둔재가 아니었다. 글공부를 해가지고 비록 말직이지만 관청물도 먹어 온 터였다. 그러니 어려서부터 한학을 공부했던 그가 공부할 수 있는 능력이 없다고 말할 수 없는 것이다. 설교를 할 줄 몰라 '예수 천당'만 외치고 다녔던 것도 아니었다. 공부보다 설교보다도 더 급한 예수탄을 쏘아야만 했다. 그에게 세상은 치열한 영적 전쟁터였다.

"예수 천당! 예수 천당! 예수 천당! 땅 땅 땅!"

그는 보았다. 그의 두 눈으로 이미 수차례 목격했다. 그가 예수탄을 쏘면 마귀가 죽는 것을 보았다. 그리고 마귀가 죽은 자리에서 성령의 역사가 일어나는 것을 목도했다. 마귀를 향해서 예수탄을 쏘는 치열한 전투 중이라 도무지 공부를 할 수가 없는 입장이었다. 마포삼열 교장도 그에 관해 잘 알고 있었다. 조직신학, 구약 신학 등의 그의 점수는 통 말이 아니었지만, 그러나 어딘가 전도자로서 하나님의 특별한 소명을 받은 하나님의 사역자로 인정하고 아끼고 있었다. 그는 최권능 조사에게 희망을 가지고 하나님의 뜻을 기다리고 있었다.

'하나님의 일은 조급은 금물이다. 시간이 해결할 테지. 인종적으로 따진다면 어거스틴은 백인은 아닐 것이다. 신앙의 용사는 어디든지 하나님이 허락하시면 나게 된다. 누굴 어떻게 쓰실는지는 하나님의 섭리가 아닌가. 분명 하나님은 최권능 조사를 크게 사용하실 것이다.'

돌아서 방문을 나서는 최권능 조사를 향해 그는 말했다.

"너무 어렵게 생각하여 중도에서 포기하면 안됩니다."

풀이 죽은 것도 아닌, 건방지게 무슨 오기가 있어 보이지도 않는 최권능 조사의 뒷모습을 바라보면서 마포삼열 교장은 무엇인가 든든한 것을 느끼고 있었다.

백만명구령운동의 선봉에 서다

1910년은 최권능 조사가 신학교 3학년이 된 해이다. 1907년에 시작된 한국 교회의 부흥의 불길이 이해에 절정을 이룬다. 한국 교회의 종교적 각성운동으로 시작되었던 평양대각성운동은 여기서 그치지 않고 민족복음화로 전개되어 갔던 것이다. 이러한 움직임은 개성에서 선교하던 남감리회 선교사들에 의해 시작되었다. 남감리회의 M. B. 스톡스 목사가 1909년 5만 명의 성도를 목표로 전국전도순회 여행을 떠났고, 그해 7월에 남감리회 연차 대회에서 2만 명을 목표로 전도계획이 수립되었으며, 서울에서 개최된 복음주의선교회 공의회에서 '백만 명 심령을 그리스도에게' 라는 표어가 채택되어 백만명구령운동(Million Souls for Christ)이 시작된 것이다.

이 무렵에 미국에서 선교사가 많이 들어왔다. 전국 방방곡곡에서 축호 전도가 이루어졌고, 쪽복음을 돌리며 예수 믿으라고 외치는 모습들은 이제 생소한 풍경이 아니었다. 평양의 각 교회에서는 교인의 수가 배나 늘어난 교회가 많았다. 전국적으로 4만 4천명이었던 교인이 11만 명으로 늘어났다. 교회사가들 중에 백만 명의 전도운동을 실패로 보기도 하지만 상당한 복음의 수확이 있었던 것은 사실이다. 이는 분명 한국 개신교의 전도운동의 큰 획을 긋는 사건이었다.

작정한 날에 생업을 쉬고 오직 전도에만 헌신하기로 하는 '날 연보' 를 드리는 등 전도에 대한 열기가 날로 높아가던 때, 그 선봉에 서 있던 최권능 조사의 발걸음이 무척이나 분주했음은 짐작하고도 남음이 있다. 많은 사람에게 전도를 해야 되는 상황에서 가장 압축되고 핵심적인 전도탄이었던 '예수 천당!' 은 더욱 빛을 발했다.

이 무렵 신학교 상급반이었던 김관근이 목사 안수를 받아 벽동읍으로 왔다는 소식을 들으면서도 최권능 조사는 학교 성적이나 목사 안수로 인해 조급해 하지 않았다. 새벽 기도와 전도에 전력을 기울이고 학과 공부 시간에는 졸고 있었다. 코를 골면 옆에 앉은 친구가 연필로 옆구리를 쿡쿡 찔렀다.

새벽 기도

한국교회사는 길선주 목사가 세계 교회에 앞장을 서서 새벽 기도를 시작했다는 자랑할 만한 역사를 기록해 놓고 있다. 한국 교회의 새벽 기도는 지금까지 세계 교회의 모범이 되고 있지 않은가. 최권능 조사는 새벽 기도에 대한 열정도 길선주 목사 못지않게 높았다. 그는 입교한 후로 새벽기도를 결코 쉬지 않았다. 임기봉 권사는 다음과 같이 증언한다.

> "최권능 목사님의 딸 광옥과 평양신학교에 다닐 때였는데 새벽 4시만 되면 시계보다 더 정확히 '예수 천당' 하고 외치는 고함 소리가 새벽 공기를 진동하여 들려왔죠. 우리는 최 목사님의 전도소리를 새벽 기도의 종소리인 양 들으면서 기도회를 갖기도 했었습니다."

어느 날 최권능 조사가 새벽 기도를 하기 위해 교회로 가던 길이었다. 연자방앗간을 지나가고 있었는데 연자방앗간에서 사람 기척이 났다.

'이렇게 부지런한 사람이 예수 믿으면 얼마나 좋을꼬.'

"예수 천당!"

소리를 냅다 질렀다. 망아지가 놀라 뛰는 바람에 연자방아가

엎어지고 엉망진창이 되었다. 그러나 최권능 조사는 괘념치 않았다.

'예수께서 군대 귀신을 몰아냈을 때(막 5:13) 2천 마리의 돼지 떼가 몰사하지 않았던가. 그 손해는 크겠지만 저 사람 하나의 영혼이 더 귀하다.'

낙제

1911년, 최권능 조사는 졸업반이 되었다. 그동안 교수들과 동료들의 충고도 아랑곳 없었다. 백지를 내거나 아주 점수를 줄 수 없는 답안을 내어 놓는 최권능 조사에게는 신학교 당국도 어쩔 도리가 없었다.

'낙제!'

신학교는 간단하게 말해서 전도자 양성기관이다. 최권능 조사는 전도인으로 당대 일급의 정병이었음은 분명하다. 그의 전도를 점수 매기자면 100점이었을 것이다. 또한 예수가 자기와 함께 한다는 증거를 여러 번 체험한 최권능 조사였다. 하지만 기름부음받은 종이 되는 절차는 그에게 졸업을 허락하지 않았다. 다른 학생들이 가운을 입고 술이 달린 사각 모자를 쓰고 사진을 찍는 것을 보면서 최권능 조사는 멀거니 기숙사에 드러누워서 찬송가를 부르고 있었다.

예수사랑 하심은 거룩하신 말일세
우리들은 약하나 예수권세 많도다

사실 일부러 낙제를 한 것은 아니었다. 좋은 답안을 쓸 수 있도록 새벽 기도를 한 일도 있었다. 공부 시간에 졸리는 것도 일부러 그렇게 하는 것은 아니었다. 마음은 원이로되 육신이 약한 것이었다. 어느날 같은 방에 있는 학생들을 보고 말을 했다.

"됴흔 점수 받도록 기도했는데 성신도 시험에는 쩔쩔 매두구만…."

순간, 부지중 하나님을 모독한 것 같은 말을 한 것 같아서 당황했다. 그러자 한 친구가 재치 있게 최권능 조사의 말을 받아쳤다.

"그렇지, 시험에 들면 성신이 얼마나 힘드시겠어."

말인즉 시험에 들지 않게 해야지, 시험이 든 후에는 그 사람 구하려고 성신도 고역을 치를 때도 있을 것 같다는 의미로 재해석 한 것이었다. 또 다른 의미의 여운 같은 것이 느껴지는 말이라 단순한 우스갯소리만은 아닌 일화로 오래도록 신학교의 학생들 입에 오르내리게 되었다.

결국, 다른 이들은 졸업했지만 최권능 조사는 방학을 맞았다. 다시 목사가 아닌 조사의 신분으로 벽동 5백 리 길을 걸어가야만 되었다. 그는 지난해부터 벽동교회에서 전도사로 시무하고 있었다. 기어이 일본인의 손아귀에 삼천리 강산은 완전히 넘어가 세상이 뒤숭숭했지만 당시 벽동교회는 교인이 부쩍 늘어나고 있었다. 교인 김병관이 부지를 헌납하고 교우들이 모두 헌금을 해서 기와집 열●칸을 신축해 가지고 예배당으로 쓰고 있던 터였다.

신학교에 가 있을 동안에는 평양 사람에게 전도하고, 방학 동안에는 벽동에 가서 전도하고, 왔다 갔다 5백 리 길을 다닐 때에는 길에서 전도했다. 고무신도 없을 때라 미투리를 신고 다녔다. 익숙한 길이었지만 다른 때와는 달랐다. 강동 현감을 두들겨 놓고 귀양 갈 때처럼 이번 길 역시 슬픔과 눈물의 여행이 될 수밖에 없었다. 그런데 이상하게도 기가 죽거나 낙담이 되지는 않았다. 원망과 분이 가득한 걸음도 아니었다.

만나는 사람마다 '예수 천당'을 외치면서 길을 걸었다. 길을 가다가 산 위에 사람들이 많이 모인 곳이면 일부러 올라가서 예수 믿고 천당 가자고 전도를 하곤 계속해서 길을 재촉해 갔다. 문득 하늘을 올려다 보았다.

'하늘의 이치가 참 좋구나.'

하늘의 태양은 땅 위에 있는 사람에게 물어보고 비추지 않는다는 생각이 들었다. 혹은 빛을 밝게 받았는지 안 받았는지를 물어보거나 받은 것에 대한 대가를 바라지도 않았다. 마냥 비추고 있었다.

최권능 조사는 자기의 전도방식을 다른 사람에게 강권하지는 않았다. 전도만 하면 되는 것이었다. 이러한 그의 태도는 전도하는 사람에게도 마찬가지였다. 꼭 자기가 시무하는 벽동교회로 나오라고 하지 않았다. 어느 교회를 나가건 그런 건 아무래도 좋은 것이었다. 예수 믿고 천당 가는 것이 더 중요한 것이었기 때문이다.

어느덧 저 멀리 거울 같은 물이 보인다. 물 위에 두둥실 떠오른 것같이 보이는 벽동읍의 원경을 바라보며 걸음을 멈추었다. 신학교에서 낙제가 되어 한 해 더 공부하고 수양하는 것은 괜찮은데 자기를 위해서 기도하며 목사가 되기를 바라고 있는 벽동 교회의 신도들이 낙담할 것을 생각하니 걸음을 옮길 수가 없었다. 저 극성스럽게도 사랑이 많은 교인들이 목사 되면 축하할 양으로 떡쌀이라도 담가 놓고 기다릴는지도 모르는데 퍽 거북했다.

자기 자신이 너무 빨리 교인에서 영수로, 영수에서 전도사로 자라고, 하나님께서 이적을 나타내는 능력까지를 주셨으니까, 신학교에서는 브레이크를 좀 걸어야만 공평하다는 생각도 들었던 것이다.

1902년 입교, 1905년 영수 피택, 1907년 조사, 이렇게 너무 속성과정 밟아왔던 최권능 조사였다.

'너무 건성으로 목사가 되어선 가치가 없다.'

스스로를 위로하며 걸음을 옮겼다. 낯익은 사람들이 반갑게 인사를 했다.

"이제 목사님이 되셨습니까?"

"허허, 한 해 더 공부하게 되었습니다."

최권능 조사는 계면쩍게 웃어보였다.

신학교 졸업과 목사 안수

1912년이 되었다. 그러나 그에게 주어진 것은 또다시 '낙제'라는 통보였다.

'내년에도 못하고 후년에도 못하면 전도하다 공부 못해서 졸업 못했다고 하나님이 책망하실까? 그 참 섭섭하군. 벌써 2년째 졸업을 못하니….'

답답함에 넋두리가 나왔다.

낙제 결정을 전해 들은 그날도 전도를 하고 밤 시간 늦게 자러 들어왔다. 김선두 조사는 친구의 입장으로서 최권능 조사가 딱하다는 생각이 들었다.

"여보, 최 조사 공부 좀 하소."

"공부하면 졸업하고, 전도하면 천당 가서 상 받고 그런거야…."

"우리만 졸업하려니, 마음이 좀 그래. 무슨 좋은 방법이 없나?"

"뭐 그렇게 염려할 것 없어. 1년 더 공부하면서 평양 사람들에게 전도하라고 남겨 둔 거야. 하나님이."

김선두 조사는 이런 넉살에 할말을 잃고 최권능 조사를 바라보았다.

"형님은 목사가 되고 나는 전도하는 학생하고, 도티 않소?"

그리고는 속 좋게 웃는다. 포근하고 따뜻하게 안겨드는 맛이 있었다. 김선두 조사도 주님의 어떤 섭리라는 생각이 들자 자기가 괜한 걱정을 했구나 하고 뉘우치는 마음이 드는 것이었다.

1913년에도 낙제가 되었다. 3년째는 어쩐지 최권능 조사도 그냥 있을 수가 없었다. 졸업식을 마치고 교수들이 교무실에서 무슨 회의를 하고 있는 듯했다.

'똑똑.'

노크를 했다. 문을 열자 외국인들의 푸른 눈동자가 자기의 얼굴에 한꺼번에 집중이 되었다. 교수들의 표정은 미묘했다. 민망하다는 듯, 거북하다는 듯, 하여튼 묘한 표정들이었다.

'내가 너와 함께한다.'

마음속에서 예수님이 속삭이는 것만 같았다.

"어떻게…?"

"여러 교수님들께 여쭐 말씀이 있어서 왔습네다."

어느 교수 한 분이 의논할 일이 있으면 진지하게 의논을 하자는 태도를 보였다.

"네, 말씀하십시오."

여러 교수들의 관심이 자기를 중심으로 집중되는 것을 최권능 조사는 느낄 수가 있었다. 최 조사는 한 번 숨을 크게 들이쉬고 말했다.

"교수님들 기도하십시다!"

갑작스런 제안에 교수들이 당황한 기색이 역력했다. 그러나 그 누구도 거부할 수 없었다.

"하나님 아버지, 감사합니다. 저 같은 미물을 예수 믿게 하셨고, 또 신학교에 와서 공부하게 하셨고, 이번에 또 낙제가 되었습니다. 졸업을 또 못했습니다. 저는 기도하고 전도하는 일에 바빠서 공부 못하고 3년째 낙제를 했습니다. 그러니 어느 세월에 목사가 되겠습니까? 여기 많으신 교수님들의 마음을 감동시켜서 저에게도 졸업장을 주시어 목사가 될 수 있는 길을 열어주시기 바랍니다. 예수님의 이름으로 기도합니다. 아멘"

"아멘."

기도를 마친 최권능 조사는 시치미를 딱 떼고 마포삼열 교장 앞에 가서 당당하게 말했다.

"교장 선생님, 감사합니다. 저를 이렇게 사랑하셔서 오늘 저도 이렇게 졸업을 하게 되었습니다."

"네, 더 열심히 공부하십시오. 전도도 좋지만 열심히 신학 공부해야 교회 부흥됩니다. 내년에는 꼭 졸업하십시오."

"목사님, 무슨 말씀입니까? 졸업장을 주시어 목사가 될 수 있는 길을 열어 주시기 바랍니다. 예수님의 이름으로 기도합니다 할 때에 아멘이라 하셨잖아요? 그러니 졸업장을 주셔야지요."

당황한 마포삼열 교장은 눈을 동그랗게 뜨고 최권능 조사를 바라보았다. 저 쪽에 앉았던 선교사 한 분이 입을 열었다.

"최 조사, 우리는 졸업장을 주겠다고 약속한 일이 없습니다."

"교수님들, 어찌 이렇게 믿음이 없는 말씀을 하십니까? 기도를 할 때엔 구하는 것을 이미 받은 것으로 확신하는 것이 기도하는 바른 자세가 아니겠습니까? 아멘 하셨으니까 주셔야지요."

"그건 억집니다."

그런데 마포삼열 박사의 얼굴이 꽃송이같이 활짝 피기 시작했다.

"네, 조사님, 하나님은 구하는 이에게는 주십니다. 맞습니다."

마포삼열 박사는 곧이어 최권능 조사에게 졸업장을 주기로 교수들을 설득하기 시작했다.

"교수님들, 사실 최 조사는 우리 신학교에서 전도학을 가르쳐야하는 인재입니다. 그 뜨거운 불을 다른 학생에게 붙여 줘야 할 그러한 불덩어리입니다. 최 조사는 우리 신학 교육에 보탬이 되는 학생 생활을 해주셨습니다. 우리가 눈이 어두웠던 것입니다. 방금 하나님은 저에게도 총명을 주셨습니다."

인간이 만든 제도의 거미줄을 걷어 젖히고 예수의 능력으로 졸업장을 받은 최 조사는 또 한번 하나님의 권능의 진미와 하나님의 영광을 눈으로 본 기쁨으로 충만했다. 교수회와 시험 제도가, 자기의 졸업을 가로 막던 훙해가, 기도 한번으로 갈라지고 졸업장을 받아 가지고 나올 때의 기쁨은 이루 말할 수가 없었다.

학문에서는 낙오병이 된 최권능 조사도 기도로 완고한 선교사들을 감동시켜서 졸업장을 받고, 독노회 시대에서 총회시대로 넘어온 1913년에 평북 노회에서 목사 안수를 받았던 것이다.

안수를 받은 최권능 목사는 벽동교회 위임목사로 부임하게 된다. 당시 벽동 군내에 교회가 두 곳이나 서 있었다. 최권능 목사를 맞이하는 벽동교회 신도들은 기도로 졸업장을 딴 얘기까지 해가면서 함께 기뻐하고 환영하였다.

새로 목사가 된 최권능 목사의 시야는 이전과는 무언가 달라져 있었다.

"바른 신학이 있어야 시험을 이긴다."

"바른 판단이 있어야 교회가 부흥이 된다."

벽동에서 1년간 시무하는 기간은 수없이 들었던 은사들의 가르침을 목회 현장에서 새롭게 느끼고 배워가며 성장하는 과정이었다.

소년 박형룡과의 만남

벽동교회에서 최권능 목사가 양육한 제자 중에는 후일 보수

신학의 본체인 총회신학교 학장이 된 박형룡 박사가 있다. 벽동교회 부속학교를 졸업하고 선천 신성중학생이 된 박형룡은 7세 때부터 벽동교회에서 자라나서 14세에 최권능 목사에게 학습을 받았다.

최권능 목사는 소년 박형룡이 길을 다니면서 예수 믿으라고 전도를 하는 것을 본 일이 있었다. 하루는 그가 소년 박형룡을 불러 함께 전도 길에 올랐다.

"예수 천당!"

"예수 안 믿으면 후에 지옥에 가서 달기 모가지처럼 되디요. 알갔시요?"

지나가는 사람을 붙들고 외쳤다. 그리고 박 소년을 향하여 말했다.

"길을 다닐 때 사람을 보고 더 힘껏 전도를 합세다. 태양의 빛이 밝기만 한 게 아니디오. 따뜻한 열이 있디요. 성령이요."

"네."

빙그레 웃음을 띠우고 그렇게 얘기를 하면서 둘은 걸었다.

하나님께서 다 지키신다

최권능 목사는 때때로 언더우드 선교사 이야기를 하곤 했었다. 그 이야기 가운데는 언더우드 선교사의 놀라운 신적 권능을 목격한 일이 언제나 포함되어 있었다.

한번은 언더우드 선교사 집에 모여서 기도회를 하고 있을 때였다. 어린아이가 몹시 울어서 기도에 방해가 되자, 언더우드 선교사는 아이를 번쩍 들어 창밖 눈 위에 내어 던졌다고 한다.

참석했던 사람들은 당황하여 어쩔 바를 몰랐으나 아무도 언더우드 선교사의 강한 행동에 반응을 보일 사람이 없었다. 기도를 마친 후 급히 최권능 목사는 밖으로 뛰어나갔다. 가서 본즉 그 아이는 눈 속에 파묻혀 깊이 잠들어 있었다. 이 놀라운 광경에 감동을 받아 그 아이를 안고 들어오자, 언더우드 선교사는 태연하게,

"하나님을 가장 중요하게 섬기고 받들면 모든 일을 하나님께서 다 지키시니 걱정할 것 없습니다"

라고 말했다는 것이다.

이와 같은 초대 선교사들의 열렬한 신앙의 영향을 받아서 최권능 목사의 전도열은 더욱더 불붙기 시작했으며 철두철미 하나님 중심의 신앙으로 굳어져 갔던 것이다.

최권능 목사도 자신의 사역 가운데 하나님의 보호하심이 늘 계심을 여러 번 체험하게 된다. 남만주에서 전도할 때에 의주에서 모이는 노회에 참석하려고 나오다가 안동현에서 여비 사십 원을 도적맞는 일이 있었다.

함께 동행한 최성주 목사의 얼굴이 사색이 되었다.

"야단났군요…."

최권능 목사는 즉시 무릎을 꿇고 기도하기 시작했다. 기도하던 그의 마음에 '도적이 어찌 하나님의 종의 성회 여비를 먹을 수 있느냐?' 는 확신이 생겼다.

"도둑놈도 그 돈은 먹지 못할 것이오, 그냥 갑시다."

의주 주인집에 와서는 아무 근심없이 돈 돌아오기를 기다리기 시작했다. 주변 사람들이 그를 조롱했다. 돌아와서도 열심으

로 기도를 드렸다. 사실 돈만 잃어버린 것이 아니었다. 교회의 중요한 문서까지 잃은 것이었다. 기도를 계속하고 있는데 낯익은 장로의 목소리가 들려왔다.

"최 목사님….."

"최 목사님….."

기도를 하다가 무엇인가 마음속에 집혀오는 것이 있었다. 목소리가 아는 장로의 목소리이니 그 목소리가 예사롭지 않은 무슨 곡절이 있는 듯했다.

"어서 들어오십시오. 춥습니다."

"최 목사님, 뭘 잃어버린 것 없습니까?"

장로는 인사가 끝나기가 바쁘게 그런 말을 했다.

"노회의 문서를 잃어버렸구만, 돈하고….."

웃는 장로의 얼굴을 보고서 최 목사는 '암 그렇지 아무리 도둑이라도 하나님 돈은 못 먹지'라고 생각하며 자신도 모르게 이미 하나님께 감사를 올리고 있는 중이었다. 장로는 최권능 목사의 보따리를 내어 놓았다.

"목사님, 이거 아닙니까?"

"맞았어….."

"내가 노회를 마치고 길을 걸어오는데 길가에 이것이 떨어져 있어서 풀어 보니까 최 목사님 도장이 있어서 가져왔습니다."

모두 기뻐했다. 이렇게 되어 장로는 최 목사가 벽동교회를 키워온 열성과 기도를 치하하면서, 앞으로 남만주 두을령으로 가면 섭섭하다는 인사도 했다. 잠시 하나님께 감사 기도를 드리고 그 장로는 집으로 돌아갔고, 밖에는 눈이 내리기 시작했다. 마

루에 서서 물끄러미 사라져가는 장로의 모습을 바라보던 최권
능 목사가 입을 열었다.

"하나님은 참 용하시지…."

"왜?"

최성주 목사가 묻는다.

"눈이 며칠 전에 왔다면 돈 보따리가 눈에 덮여 아까 그 장로
가 못 봤을 것 아닌가?"

제6장
만주에 세운 50교회

그동안의 일들이 주마등처럼 스쳐 지나갔다. 생각하면 만주에서도 이런 일 저런 일이 많이 있었다. 전도를 한번 해 놓아도 중생되고 지조가 있는 사람은 그대로 예수의 사람으로 자라났던 것이다. 예수를 믿겠다고 착실한 생활을 시작한 많은 얼굴들을 생각할 때에 큰 보람을 느꼈다.

제 6 장
만주에 세운 50교회

만주로 파송

1913년 8월 26일, 평북노회에서 안수 받고 목사가 된 후 벽동교회에서 시무를 시작한 최권능 목사는 1914년 이혼을 하게 된다. 아내가 그의 전도의 길에 도저히 합할 수 없는 형편이었기에 이혼까지 하지 않으면 안될 생의 기로를 헤맸던 최권능 목사는 결국 모진 가정 풍파를 겪어야만 했다. 최권능 목사의 전도의 방법이 보통 전도자와는 다르듯이 신앙 문제로 이혼한 것은 후대의 숙제이다. 슬하에 두 자녀까지 있으나 피차에 양육하자는 조건 하에 합의 이혼을 하였다.

그해 2월 4일 평북노회 전도국에 선정되어 최성주 목사와 함께 만주지방 전도목사로 파송받아 만주로 건너갔다.

그 당시 만주에는 벌써 상당수의 교회가 서 있었다. 미국에 와서 정착한 유럽 이주민이 그 신천지에서 신앙의 승리자가 된 것 같이 만주 전도가 비교적 잘 되었던 것이다. 가는 곳마다 교회가 섰다. 강변구의 담당 선교사는 남해리였고, 선천군 연합 여전도회에서 파송된 정승애, 이영복 등이 이 강변구인 삭주 창성에 와 있었다.

동만주의 교회 설립은 대강 이러했다.

    1907년 와룡동교회
    1908년 모아산교회
    1909년 명동교회
    1909년 호천포교회
    1909년 혼춘교회
    1909년 용정교회
    1910년 만진기교회
    1910년 대황구교회
    1911년 장백현교회
    1911년 장은평교회
    1911년 적안평교회
    1911년 국자가교회
    1911년 정동교회
    1911년 화용현교회
    1911년 은포교회
    1911년 간장암교회
    1911년 신풍교회
    1911년 일송정교회

1911년 금당촌교회

1912년 안구진교회

1912년 구사평교회

1912년 의란구 남양동교회

1912년 간도 구세동교회

1913년 횡도하자교회

1913년 영춘원교회

1913년 보흥둔교회

1913년 대황구교회

1913년 간도 대사탄교회

1913년 간도 광제촌교회

1913년 간도 명신동교회

1916년 간도 태양동교회

남만주의 교회 설립 상황은 다음과 같은 시기였다.

1908년 신풍교회

1909년 쌍류하교회

1910년 왕청문교회

1910년 요천수교회

1910년 삼원포교회

1911년 하마허교회

1911년 금두석교회

1911년 이밀교회

1911년 우도구교회

만주에 쏘아올린 예수탄

여름이라고 해봐야 1년 중 7월과 8월 두 달뿐이고 겨울이 7
개월이나 되는 만주 땅은 압록강을 사이에 두고 우리나라와 나
뉘어 있다. 추위 때문인지 만주에 사는 사람들은 빨래는 물론,
목욕도 안 하거니와 세수도 잘 안했다. 겨울에는 몇 벌의 옷을
있는 대로 깡그리 껴입고 다녔다. 만주의 원주민만 그런 것이
아니라 우리나라 사람들도 만주에 가면 원주민 처럼 되는 경우
가 많았다. 몽고 대륙의 모래 섞인 먼지 바람이 한번 일어났다
하면 하늘의 해가 안 보일 지경이 되었다.

종교적으로도 혼탁한 지역이었다. 불교는 물론 기타의 미신
과 합착이 되어 삶에 갖가지 무속신앙이 결탁이 되어 있었다.
사회적으로도 사람을 종으로 사고 파는 일이 성행하였다.

최권능 목사는 만주에 와서 전보다 더 불쌍하게 살고 있는 농
민들의 형편을 심각하게 목격하게 되었다. 강냉이 한 가마니에
딸을 파는 부모는 물론 겨울의 긴긴 세월을 노름으로 지새우고,
술타령으로 정신을 못 차리는 판이었다. 그나마 예수를 믿는 사
람의 집은 비교적 괜찮은 편이었다. 노름을 한다 해도 패가망신
할 정도는 아니었고, 또 신앙의 정도에 따라서는 술, 담배를 일
체 안 했다.

세상은 전쟁의 소문으로 흉흉했다. 우리 조선 교회의 선교사
가 가 있는 산동성 쪽으로도 일본군이 상륙했다는 소식이 들려
왔다. 남만주 철도를 손아귀에 넣은 일본군대는 만주에도 들어

와 있었다. 도처에 마적 떼가 출몰하는 터였고, 의병으로 쫓기다가 망명한 독립군도 만주로 몰리기 시작할 시기였다. 이때에 만주에 와서 사는 우리 동포 가운데는 마적 떼와 싸우기 위해서 웬만한 사람은 총칼을 갖고 있었다. 총을 가진 사람은 죽기도 하고 죽이기도 했다. 살인 등 각종 범죄는 너무나 가까운 곳에 웅크리고 있었던 것이다.

단 한 가지 좋은 점이 있다면, 땅이 비옥한 점이었다. 세계적으로 비옥한 땅이었다. 길림 각지에는 삼포가 있다. 장백산에는 산삼이 있고, 그리고 봄이 되면 진달래가 피고, 자연 풍물은 우리나라와 비슷했다.

'세례를 베풀리라.'

'몸에 때를 벗는 것과 함께 마음의 때(죄)를 벗겨서 돌과 같은 마음(완악하고 패역함)을 벗고 살과 같은 마음(겸손과 온유함)을 찾게 해주어야지.'

이곳에서 최권능 목사는 세례요한과 웨스트민스터의 신앙 고백서를 떠올리며 다짐하고 또 다짐했다. '예수 천당'을 외치면서 동족이 살고 있는 곳이라면 어디든 갔다. 길을 가다가 무엇이 어른거리기만 해도 '예수'라고 외쳤다. 예수란 말만 해도 중국 사람들은 다 알아 들었다.

마음의 동역자 이기풍 목사

1915년은 이기풍 목사가 제주도에 간 지 8년째가 되는 해다. 1907년에 당시 독노회 조직을 기념하기 위해 한국 교회는 7인의 목사 중에 한 분을 제주도에 선교사로 파송하기로 결정했다.

자청해서 나선 이가 이기풍 목사였다.

가끔 최권능 목사와 최성주 목사는 이기풍 목사 얘기를 했다. 이기풍 목사가 전도를 하면서 집 바깥에서 돌베개를 베고는 하늘을 우러러 보고 밤을 지낸 것도 한두 번이 아니었고, 수도 없이 봉변을 당했다는 소식을 접했다.

"이기풍 목사가 제주도에서 고생하는 모양이지…."

"우리는 거저먹기다."

최권능 목사는 그런 얘기를 하면서 그것도 하나님의 은혜라 생각하는 것이었다. 제주도는 기독교로서는 처녀지였지만, 만주는 처녀지라고 말할 수는 없었다. 그러니 제주도의 사역이 더 힘든 상황일 수 있었다. 이기풍 목사를 생각하며 최봉석 목사는 더욱 전도에 힘을 내었다.

홍수를 막은 기도

서간도 이도구에서 전도할 때 일이다. 여름이었다. 교회에서 막 예배를 드리려는데 별안간 폭우가 쏟아지고 밖에서부터 무슨 고함소리가 들려왔다.

"둑이 터졌소. 모두 둑을 막으러 나오시오!"

밖에 나가보니 큰비가 내려 홍수가 예배당과 교인들의 집을 침몰시킬 듯이 밀려 내려오고 있었다.

"여러분, 비를 내려주시는 이도 하나님이시고 우리가 죽고 사는 것도 하나님에게 달렸으니 여러분은 동요하지 말고 예배를 드립시다."

그러나 둑이 터진다니까 겁이 나서 예배를 안 드리고 밖으로

나간 사람도 있었다. 한참 동안 예배당 안은 뒤숭숭했다.

"다 같이 기도하십시다."

최 목사는 간절한 마음으로 기도하기 시작했다.

"전능하신 하나님 아버지, 은혜 감사하옵니다. 모든 것을 주님 뜻대로 하옵소서. 우리 인간은 눈앞에 것밖에 모릅니다. 주님께서 우리들에게 우선 지혜를 주시옵소서. 하나님은 자비하신 하나님이시고 능력이 크신 분이시니 참으로 우리에게 필요한 것이 무엇인 줄을 아십니다. 저 사람들이 폭우 속에서 이리 뛰고 저리 뛰면서 둑이 터졌다고 야단입니다. 하나님께서는 그들을 불쌍히 여기시고 그들의 원하는 바를 다 이뤄 주실 줄 믿습니다."

최권능 목사는 뇌성 폭우의 하늘 아래에서 기도하였다. 그는 기도 중에 밀려오는 물을 향해 명령했다.

"홍수야 물러가라! 너 능히 하나님의 예배당에 침입치 못하리라. 하나님 아버지시여! 저 흉용한 홍수를 막아 주시옵소서."

모인 사람들 중에는 이렇게 기도만 하는 최권능 목사를 향해 원망과 조소를 보내는 이들도 있었다. 그러나 엘리야의 기도에 응답하여 삼 년 육 개월을 가뭄이 들게도 하시고 또 비를 내리게도 하시는 하나님은 당신의 충복 최권능 목사의 기도에도 응답하여 주셨다.

이렇게 기도를 드리고 나니 예배당은 조용해지고 바람과 빗소리만 요란했다.

얼마 후였다. 설교가 다 끝난 후에 둑이 터진 현장에 갔던 사람이 되돌아왔다.

"목사님, 참 신기한 일이 생겼어요."

"어떻게 되었는데…."

최 목사는 그 사람의 놀란 얼굴을 잠시 들여다봤다.

"큰 나무가 개울에서 떠내려 왔어요. 그리고는 둑이 터진 자리에 와서 척 걸렸어요."

"그래서 큰 피해는 없었단 말이지?"

"네."

"둑이 얼마나 작아서 그러나?"

"막 터지려 하는데 나무가 뿌리째 떠내려 오더니 신통하게도 그 둑이 무너지기 시작한 곳에 걸렸거든요."

뿌리 빠진 큰 나무를 물로 밀어 무너지려던 예배당 골 앞 낮은 목을 가로질러 막고 사태가 그 나무 위에 쌓여 물을 막았던 것이다.

최권능 목사는 조용히 하나님께 감사 기도를 드렸다.

쇠똥 속, 콩을 먹으면서 전도하다

만주의 숲은 수해(樹海)란 말이 들어맞을 만큼 가도 가도 숲 속을 벗어나지 못할 때가 있다. 흑룡강으로 들어가는 송화강의 유역이 자그만치 30만 평방킬로가 더 된다. 우리 반도의 두 배가 더 된다. 몇백 리를 가도 인가를 구경 못 하는 숲에서 길을 잃은 사람의 신세라는 것이 어떤 것인지는 당해 보지 않고는 상상하기조차 힘든 것이다. 가는 길에 머루나 다래라도 있으면 그것으로나마 연명이 되지만, 그것도 없을 때는 굶으며 가야 한다. 숲 속을 가다가 사실 굶어 죽는 경우도 있다. 일본의 소설가 오미가와는 그의 작품 「인간의 조건」에서 일본의 북만주 이주민이 이 수해에 들어와서 열흘이고 이십 일이고 걸어가다가 굶어 죽는 모습을 묘사하고 있다.

발끝 닿는 대로 전도를 다니는 우리의 최권능 목사가 이 숲에 도전한 것이다. 너무 배가 고파서 때로는 올챙이를 잡아먹기도 했고, 어떤 때는 소똥에 들어 있는 콩알을 꺼내어 먹기도 했다.

우리 인간의 입도 사치하게 될 때에는 한정이 없다. 그러나 허기가 들면 어떻게 됐건 무엇이든지 먹어야 산다. 이러한 지경에 소똥 속에 콩은 더럽다는 생각보다 먹을 것이라는 판단이 앞선다. 똥은 더 이상 안 보이고 콩만 보이는 것이다. 「죽으면 죽으리라」의 저자 안이숙 여사는 신사참배를 거부해서 일제 치하의 감옥에서 처녀의 몸으로 6년간의 옥고를 겪을 당시, 같은 감방에 있는 동료 죄수들이 산채로 쥐를 잡아 피가 뚝뚝 떨어지는 것을 먹는 것을 보았다고 했다.

물론 이러한 상황들이나 오미가와의 작품이 우리들의 평소의 안일한 환경에서는 좀처럼 상상도 하기 어려운 일들이다.

최권능 목사는 쇠똥 속의 콩을 먹고 아사를 면한 후에도 어김없이 감사 찬송을 올렸다. 그는 이렇게 기도했다.

"예수님, 소똥에서 익은 콩이 나왔습니다. 이것 먹고 이제는 힘이 났으니 복음을 전할 수 있는 곳에 데려다 주시옵소서."

그리고 다시 걸음을 옮겼다.

위대한 전도자 최권능 목사의 탄생은 이처럼 숲 속에서 소똥 속에 있는 콩을 먹고도 힘을 얻어 전도를 해야 되겠다는 열심의 소산이라 믿어진다. 만약 전인미답의 원시림을 헤치고 몇백 리에 마을 하나씩을 찾아서 '예수 천당!'을 외치는 최권능 목사와 견줄 수 있는 분이 있다면 남아프리카에 가 있던 리빙스톤 정도가 될 것이다.

만주에 세운 50교회

어느덧 최 목사는 58세가 되었다. 그러나 아직도 기백은 청청했다. 남만주의 어느 시골 읍에서였다. 그곳에 모여 사는 얼마 안되는 동포들은 유랑극단에서 부르는 노래 소리를 들으며 모두 울고 있었다. 목석이 아닌 최 목사도 가슴이 찡했다. 「타향살이」노래를 듣게 된 것이다. 고향을 떠난 지는 참으로 오래되었고, 제2의 고향인 삭주를 떠난 지도 벌써 12년이 되었다.

그동안의 일들이 주마등처럼 스쳐 지나갔다. 생각하면 만주에서도 이런 일 저런 일이 많이 있었다. 전도를 한번 해 놓아도 중생되고 지조가 있는 사람은 그대로 예수의 사람으로 자라났던 것이다. 예수를 믿겠다고 착실한 생활을 시작한 많은 얼굴들을 생각할 때에 큰 보람을 느꼈다.

1923년에 남만주 노회장으로 피선이 되고 같은 해에 남만주 노회에서 개척전도 공로 표창을 타기도 했다. 봉천성 통화현을 중심으로 남만주 지역에 전도를 시작해 12년간에 교회 50처를 세운 셈이다. 꼭 1년에 네 군데씩 세운 계산이 나온다. 그러나 그는 그러한 공로를 자신에게 돌리려고 하지 않았다. 그것이 자신의 본분이라고 말할 뿐이었다. 최봉석 목사에게 주어진 사명은 목회 목사가 아니라 전도 목사였다. 학문 대신에 기도를, 설교 대신에 노방전도를 했다. 전도 목사는 일선 부대이다. 공격

해서 점령한다. 그러나 목회 목사는 그것을 유지하고 기른다. 전도 목사와 목회 목사는 둘 다 필요한 것이다. 최권능 목사는 전도를 해서 교회가 서면 잊지 않고 담임 목사를 보내는 것이었다.

여기서도 최 목사는 "예수 천당!"을 외치며 그들을 위로하기 시작했다. 그러나 그것은 어쩌면 자신을 향한 외침이었는지 모른다. 삭주에는 가족이 있었다. 둘째 아들과 딸 광옥이. 대동강이 보고 싶고 가족의 얼굴이 보고 싶어졌다. 집에 돌아온 최권능 목사는 큰아들 광윤이를 불렀다.

"나 인제 고향에 돌아갈까 하는데….."

"여기 그냥 있습시다. 고향에 간들 무슨 뾰족한 수가 있나요?"

큰 아들 광윤은 고향으로 돌아가는 데 반대였다. 며느리는 아들의 의견을 좇을 생각인 것이 분명했다.

삭주로 돌아가기로 마음먹은 최권능 목사는 삭주에 있는 둘째 아들과 부인에게 편지를 냈다. 평양에 아는 이에게도 편지를 하고 어디 가서 전도를 할 만한 자리를 알아보기도 했다.

제7장
평양에 뿌린 '예수 천당'

그는 오늘 하루 어지간히 지쳐 있었다. 그는 숨 쉴 때마다 예수 천당을 외쳐 왔다.

'나는 전파하는 자다. 전파해야 영혼이 산다. 맥박이 뛰어야 피가 돌듯이 외치는 것은 나의 맥박이고 호흡이다.'

제 7 장
평양에 뿌린 '예수 천당'

돌아온 고향

솜옷을 두둑하게 입고 눈만 빠꼼히 내어 놓고는, 영하 30－40도의 추위 속에서도 고량주를 마시고, 돼지비계 기름을 잔뜩 먹고 사는 중국 사람과 거의 동화되어 가는 만주족 틈에 나그네로 사는 동족들을 상대로 전도생활 하기를 12년, 최권능 목사는 1926년 그의 사명을 다하고 고국으로 되돌아왔다.

그리고 그의 사역의 무대가 압록강 유역에서 이젠 대동강 유역으로 옮겨 왔다. 최권능 목사의 영적 요람은 압록강 유역에서 시작이 되어 대동강 유역에서 익어가기 시작한 것이다. 선미도라는 섬에 갔다가 73세가 되어 순교하기까지 그는 늘 대동강을 끼고 돌았다.

만주에서 돌아온 최권능 목사는 삭주에 있던 집과 남았던 재산을 처분해 가지고 창광산 서쪽 기슭에 오두막집 하나를 마련

했다. 기어이 장남 광윤이 부부는 만주에 그냥 남게 되고, 오랫만에 만난 부인과 함께 강동에 있는 무진읍에서 교회 일을 맡아 보게 되었다. 강동군은 평양에서 동북쪽이 된다. 대동군을 지나 강서군은 바닷가가 되는 곳이다. 아버지 최상린 옹이 강동 창장으로 있던 곳이었다.

오래간만에 고향에 돌아왔다. 30여 세 때, 그러니까 좀 더 정확하게 말해서 26년 전 32세에 강동 현감을 두들기고는 삭주로 정배갈 때가 꼭 어제와 같은데 많은 시간이 흐른 것이다. 26년 동안에 아는 얼굴 중에 고인이 된 사람이 너무나 많았다. 아버지도 어머니도 이제 고인이 되었다.

이곳에서 강동교회와 무진교회를 시무하고, 무진 보통학교 교장도 역임하게 되었지만, 곧 시무를 사면하고 이듬해부터 산정현교회 전도 목사가 되어 평양을 중심으로 수안·곡산 지방에서 전도를 계속했다. 교회를 개척해서는 담임 목사를 파송해서 지키게 하고 그는 다시 전도를 나가서 또 다른 교회를 세웠다. 그때에 최 목사를 모시고 있었던 노영선 목사는 그 당시 최 목사의 모습을 전해 준다.

어느 날 나는 최권능 목사님과 동행하여 평양에 볼일이 있어서 도보로 가게 되었다. 무진서 조반 먹고 같이 동행이 되었다. 큰 길이라 내왕하는 사람이 많다. 그런데 한 사람도 빼지 않고 전도하며 40리 길을 걸어갔다. 대동교에 오니 사람이 너무 많이 쏟아져 나오니까 그 많은 무리들을 향해서 "예수 천당"을 외쳤다.

"예수 천당! 예수 믿읍시다"라고 누구나 만나는 사람마다 외치
는데 공교롭게 교역자도 만나게 됐다. 그래서 교역자들은 "나
는 목사요", "나는 전도사요" 하면 최 목사는 그 말이 떨어지기
도 전에 "벙어리" 하면서 교역자 앞에 삿대질을 했었던 것이
다. "송장이 수의 입고 다니는 것 같구나! 어서 전도하시오"라
고 외치기도 했다.

평양에서 전한 '예수 천당!'

평양은 참으로 경치가 좋은 곳이다. 춘원 이광수의 해설에 의
하면 모란봉은 그대로 태백으로 통한다는 것이다. 태백산은 우
리 삼천리강산의 등뼈다.

평양 시내에는 1925년부터 전차가 부설되어 부산과 함께 우
리 반도에서는 전차가 다니는 세 번째의 도시가 되었던 것이다.
평양 부내의 서기 산록에는 일본군의 77연대가 있고, 또 헌병대
가 있었다. 새로 항공연대가 생겨서 매일같이 평양 상공에는 비
행기가 요란하였다. 도시 곳곳에는 공장들이 들어서 있었다. 특
히 평양은 양말 공업이 성행했는데 평양에 양말 공업이 처음으
로 시작된 것은 꽤 오랜 역사를 갖는다. 1906년이니까, 근 30
년의 풍상을 겪었다. 그 당시 조선 땅의 공업 자본 90%가 일본
인의 손에 넘어갈 무렵에 양말 공업 하나라도 붙들고 늘어질 수
있었던 곳이 이곳 평안도 사람이었다.

그 초창기의 양말 공장을 시작한 사람 가운데 박치록이란 장
로 한 분이 있었다. 박 장로는 양말 공장을 하다가 잘 안되니까
기계와 시설을 종업원들에게 나눠 주었다. 그런데 기독교인들

의 진취성과 투쟁력이 뒷받침이 되어 1930년대는 일본의 메리야스 공업과도 경쟁할 만한 실력을 갖게 되었는데 이들은 대부분이 예수를 믿는 상인들이었다.

평양 시내 전도

최권능 목사는 평양에 오던 그날로부터 틈만 나면, 마음 내키는 대로 어디든지 가서 전도를 했다. 그는 우리 동포들이 사는 구시가 쪽을 많이 다녔다.

"예수 천당! 마귀 따르면 지옥!"

기생집에 들어가서도 전도하고, 남의 부엌에 들어가서도 전도했다.

그는 장로건 목사건 누구에게나 '예수 천당'을 외쳤다. 저녁 예배 시간에 장로 한 분이 성경을 끼고 부지런히 예배당엘 가고 있었다. 기업체를 갖고 있는 부자 장로였다. 이 생각 저 생각에 골몰하며 예배당을 향해서 걸어가고 있었다. 당시 일본 정부는 평양의 고무 공업과 메리야스 공업을 여러 가지로 박해하고 억압하고 있었기에 장로의 머릿속은 골치 아픈 문제로 가득했다.

"회개하고 예수!"

어깨를 툭 치는 것과 동시였다. 장로는 손에 들었던 책가방을 길바닥에 떨어뜨리고 펄쩍 뛰면서 놀랐다. 뒤를 돌아보니 최권능 목사가 빙그레 웃고 있었다.

"아이고, 최 목사님도 무슨 장난을⋯."

"예수 믿으라는 소리에 놀라는 게 장로야?"

"소리도 좀 가만가만 하시지⋯."

"깜짝 놀라는 바람에 마귀가 도망가는 거야. 벙어리장로 돈장로!"

"목사님, 다 망했어요. 돈 없어요."

"그의 나라와 그의 의를 모르나?"

"알아요, 안다니까요. 돈 이젠 없어요."

"그럼 이제 예수를 붙들어."

"네. 네."

최권능 목사는 지나는 사람 누구나를 붙잡고 전도를 시작했다.

"예수 천당, 불신 지옥!"

"나는 신자외다."

"신자면 왜 내게 전도 안 해!"

저쪽에서 학생들 한 무리가 걸어오고 있었다.

"예수 믿고 천당!"

놓칠세라 얼른 소리를 질렀다.

"목사님, 저희 예수 믿습니다. 힘내세요."

이렇게 웃는 얼굴로 대답하는 학생을 보면 귀엽게 바라보며 말했다.

"믿는 이에도 더 예수!"

서성리 그의 움막집은 기찻길 옆이었다. 창밖으로 내다보면 기차가 지나간다. 기차가 창문 근처에 왔을 때 "예수 천당!" 하고 고함을 지르면 승객들 중의 노인들과 신도들은 손수건을 꺼내어 답례를 했다.

한번은 길에서 너무 시끄럽게 전도하자 순사가 말렸다. 그러나 최권능 목사는 아랑곳하지 않고 전도했다.

"아니, 이 사람이…."

순사는 최권능 목사의 팔을 거칠게 잡아채며 으름장을 놓았다.

"경찰서에 끌려가야 정신을 차리겠어!"

"나 오늘에야 경찰서장과 순사들에게도 전도할 기회를 얻게 되었군."

최권능 목사는 환하게 웃으며 앞서서 경찰서로 향하는 일도 있었다.

이러한 열정으로 평양에서 전도하여 이 년간에 삼천 명의 구도자를 얻었다. 평양에서 남자나 여자나 신자나 불신자를 불문하고 최권능 목사의 전도를 몇 번씩 듣지 못한 사람은 없었다. 교회를 세우기는 커녕 남이 세워놓은 교회도 병들게 하고, 삼천 명은 고사하고 삼십 명의 사람에게도 전도를 하지 못하는 이들이 최 목사의 전도방법을 왈가왈부할 수 없는 것은 자명한 일이다.

화전민 전도

황해도 곡산군 두메산골 화전민들이 사는 곳까지 찾아갔다. 마침 여름철이라 감자를 막 캘 때가 되었다. 이 산 저 산에서는 뻐꾹새가 울어대고 있었다.

"아이구 배 아파!"

본래 목소리가 큰 데다가 골짜기에서 되울리는 메아리 때문에 더욱 크게 들렸다.

"아이구 배 아파! 아이구 배 아파!"

인근에 있던 사람들이 허둥지둥 뛰어왔다.

'전파하는 자가 없이 어찌 들으리오.'

사실 예수 믿고 자기의 영혼이 구원 받는 일 이상 더 급한 일은 없다. 그러나 많은 사람들은 그것을 망각하고 산다. 최 목사는 배가 아파 죽게 된 사람을 살려보겠다고 뛰어온 선량한 저들의 심령을 어떻게 하나님께로 인도할 수가 있을까? 그 방법을 계시해 달라고 주님께 간절히 기도했다.

"많이 아프신가요?"

이윽고 최 목사의 곁에 와서 아프다고 데굴데굴 딩구는 사람의 등에다 손을 얹고 말하는 것이다. 모인 사람은 약 50명은 되었다. 젊은 청년도 있고 노인도 있었다. 최 목사는 죽을 때가 얼마 안되는 사람부터 구원을 얻어야 하므로 자기 나이 또래나 되는 노인들도 있음을 보고 더욱 반갑게 생각이 되었다.

"배가 어떻게 아프신가요?"

최 목사는 '휴우~' 하고 숨을 돌렸다.

"배가 아파서 배가 아프다고 소리를 친다는 것이 여러분들을 많이 놀라게 해서 죄송합니다. 배 아프던 것은 좀 그만합니다. 하긴 사실 산속이라 사람이 그립습니다. 그런데 이런 산골짝에 살면 산 아래 마을 소식을 듣고 싶지 않습니까? 이런 데 살면 영 신선이 됩니까? 일하시는 것도 좋지만 좀 쉬어가며 세상 얘기나 합시다. 이왕 오셨으니까, 제 얘기나 좀 들어보십시오."

"정말 배 아픈 건 괜찮아요?"

"네, 아직 아픕니다. 그러나 전 평양서 여러분이 사는 형편도 좀 보고 여러 가지 알아볼 것이 있어서 이렇게 길을 다니는 나그넵니다."

"객지에 다니면 몸이 성해야지요."

산그늘이 약간 내렸었다. 점심때를 지난 지는 여러 시간이나 된 시각이었다. 더러는 풀밭에 앉기도 하고, 선 채로 최 목사를 바라보는 사람도 있었다.

"물이 좀 먹고 싶은데 샘이 이 근처에 있는가요?"

그렇게 말을 하는데 그중에 한 사람이 어디서 구했는지 허리에 차고 있던 물병을 내밀었다. 최 목사는 물을 한 모금 마시고는 말을 시작했다.

"저 오늘 여러분들에게 제일 좋은 소식을 갖고 왔습니다. 예수 믿고 천당 가십시다. 여러분 가운데는 이미 예수 믿으란 말을 많이 들은 사람도 있을 것입니다. 그러나 이것은 참으로 거짓말 아닙니다."

그리고는 전도지를 한 장씩 돌렸다.

"제기랄, 글을 알아야지…."

그중에 글을 아는 사람은 전도지의 서두를 좀 읽어댔다.

"그런데 여러분 댁에 무슨 어려운 일은 없습니까?"

"병자를 고칠 수 있습니까?"

"무슨 병입니까?"

"체증이 있습니다."

기도를 해 주지 약을 쓰지는 않았다. 그들은 전도지를 귀중하게 적삼 호주머니에 접어 넣고 갔다.

평안북도 어느 산골에 갔을 때의 일이다. 마침 화전을 만들기 위해서 산에다 불을 질렀는지 한 곳에서는 온통 연기가 하늘을 가리고 있었다. 화전민들의 집은 한 곳에 여러 집이 모여 있지 않았다. 두세 집 정도 모여 있어도 또 5리나 가야 다른 집들이 있는 것이 보통이다. 고구마를 심은 밭이 펼쳐져 있었다. 집 앞에는 아이들이 어린애를 업고 서서 거기 나타난 낯선 사람의 얼굴을 신기한 듯이 보고 있었다.

"사람 죽는다앗!"

"사람 죽네!"

사람들이 바쁘게 뛰어왔다.

"뭐야?"

"예수 믿고 천당 가시오. 예수 안 믿으면 사람은 다 죽소."

"뭐 어째? 이놈의 영감쟁이가 누굴 놀리는 거냐?"

"여러분, 예수 안 믿으면 다 죽어, 알겠어요?"

장정들은 화가 나서 최 목사를 때리려고 했다. 최 목사는 일단 도망을 치기로 했다. 그러나 60노인이 그렇게 빨리 뛸 수가 없었다. 그때 문득 생각난 것이 있었다.

"나는 하나님의 사신이다."

목소리가 벽력 같았다. 마패 비슷한 메달까지 내보였다. 워낙 위엄 있던 사람이라 모두 그 자리에 엎드러지고 말았다. 그 메달은 남만주에 전도 목사로 파송 당시 조선 예수교 장로회 총회에서 받은 은메달이었다. 그 은메달을 내놨는데 그것이 저녁 햇빛에 반짝반짝 빛났던 것이다. 아마 산골 농민들이라, 암행어사 마패로 착각한 모양이었다.

"내, 흙이나 파는 두더지가 뭘 아외까? 용서해 주십시오."

모두 싹싹 빌었다.

"나는 여러분들이 이런 깊은 산골에서 하나님 섬길 줄도 모르고 지내는 것이 불쌍해서 하나님 섬기는 도리를 가르쳐 주러 온, 하나님이 보낸 사신이오. 아까 내가 한 말은 거짓말이 아니오. 사람은 하나님을 안 믿으면 다 죽소."

"하나님만 섬기면 우리 죄는 용서되는 거외까?"

이렇게 되니 문제는 간단했다. 인근에 사는 사람을 모두 불러 모았다. 그리고 교회를 하나 세우는 데까지 일은 발전이 되었다.

우상과의 싸움

황해도 곡산에 들어가서 전도할 때다. 곡산이란 곳은 미신이 성해서 전도지를 주면은 '예수가 옮는다'고 쌀 부치는 키로 날려 버리는 아주 고약한 고장이었다. 이와 같은 사실을 미리부터 알고 있는 최 목사님은 자진해서 그곳으로 전도하러 갔다. 우선 그들 미신의 총 본산인 제사 지내는 사당부터 찾아갔다. 사당에 들어가서 불을 지르기 시작했다. 타는 연기로 인해서 동네 사람들이 모두 나와 발을 동동 굴렀고, 한편에서는 대성통곡을 하며 울부짖었다.

"아이고, 아이고, 우리 동네가 망한다."

청년들은 최 목사에게 죽일 기세로 달려들었다. 그들은 최 목사를 사당 옆 구렁텅이에 생매장을 시키려고 몰아넣었다. 그리고는 어린아이들로부터 노인에 이르기까지 손에 돌멩이를 들었다. 마치 초대 교회의 스데반 집사처럼 처형을 당할 순간이었다. 그런데 최 목사의 머리에 번뜩 떠오르는 것이 있었다. 그것은 화전민들을 전도할 때 사용했던 십자가가 그려진 메달이었다. 그 은메달을 주머니에서 번쩍 꺼내서 들었다. 그리고 고함을 쳤다.

"남만주노회가 기념훈장을 채워준 사람을 때려 죽일 터이냐"

노회가 무엇인지 모르는 촌사람들은 그것이 총독부에서 내린 훈장인 줄 알았던지 하나하나 돌멩이를 땅에 내려놓더니 노인들부터 무릎을 꿇고 엎드려서 빌기 시작했다.

"우리가 모르고 그랬으니 살려주시오."

"살려면 예수를 믿으시오! 사는 길은 오직 예수 믿는 길이오."

최 목사는 이곳에서 3개월을 머무르면서 교회를 세웠다. 집에 있는 신주를 때려 부수는 것으로부터 시작되었던 그의 우상과의 싸움은 일생 동안 계속됐다.

교회의 세속화 수호

평양 각 교회의 목사들이 모여서 마포삼열 목사의 동상을 세우자는 의논을 한 일이 있었다. 마포삼열 목사는 서울서 2년쯤 있다가 곧 1893년에 평양에 와서, 26세의 청년으로 1866년에 순교한 선배 토마스 목사의 순교지 대동강변에 자리를 잡았다. 그리고 1백 리 삭주만이 아니고, 7−8백 리가 되는 강계 만포진까지라도 걸어 다니며 전도에 힘을 쓴 분이다.

그는 많은 일을 했다. 학교도 물론 많이 세우고 스스로 학문을 가르쳤다. 1901년에 평양신학교를 설립했다. 같은 해에 신학박사 학위도 받았다. 숭실전문과 기타 학교를 설립했다. 육척 장신의 미남자였다. 장로회 총회의 총회장도 역임하고, 1930년에는 선교 40주년 기념식을 가졌던 분이다. 그리고 1939년 평양신학교가 신사참배 문제로 문을 닫게 되던 해에, 고국인 미국에 돌아가 있다가 그곳에서 이 세상을 떠났다.

마포삼열 선교사의 동상을 세우자는 모임에 최권능 목사도 참석했다. 그리고 그는 이것을 퍽 못 마땅하게 생각하고 반대했다. 그리고 목사들의 노후(老後) 생활 대책을 위해서 적금을 하고자 할 때도 그는 반대했다. 성경에 비추어서 생각해 보라고 했다. 하나님 아버지께서 공중에 나는 새와 들풀도 다 먹이시고 입히시며, 또 꽃들도 단장을 시키시는데, 적금을 한다는 것은 돈을 믿는 것이지 예수를 믿는 것이 될 수는 없다는 판단을 내렸던 것이다. 물론 그도 마포삼열 목사를 존경했다. 그러나 그의 학식이나 공로나 그런 것이 우상이 될 수는 없는 일이었다. 마포삼열의 동상을 세우려고 할 때에 그는 끝끝내 반대했다. 회의에서 결의가 되었지만 세우지를 못했다.

"당신네들은 세우시오. 나는 도끼로 찍어 넘길 테니까."

이렇게 선언했다. 결국 마포삼열 목사의 기념관을 만들고 동상은 세우지 않기로 했다. 이처럼 교회의 세속화에 도전하고 이 것과 가장 철저하게 항쟁한 분이 최권능 목사였다.

핍박 속에서도 멈추지 않은 전도

일본이 예수 믿는 사람들을 더욱 가시 돋친 눈으로 보기 시작했다. 그것은 1925년의 조선신궁을 세우면서부터가 아닌가 생각한다. 그러니 10여 년간 그들은 조선 교회의 동정을 여러 방면으로 살피고 있었던 셈이 된다. 이러한 상황에서도 최권능 목사의 전도는 쉼이 없었다. 전차, 자동차, 자전거가 폭주하는 거리에 '예수 천당'이란 육성이 자동차의 클랙슨 소리와 섞여져 평양 부민들의 귀를 후볐다.

"예수 천당!"

"시끄러워! 시끄럽대도!"

"예수 천당!"

"닥치지 못해?"

"여보, 순사! 자동차는 왜 뿡뿡대도 그냥 두는 거요?"

"사람이 다치니까 비켜 가라고 그러는 거 아냐!"

"나도 사람의 영혼이 지옥 갈까 봐 걱정이 되어 그러는 거요."

순사도 마지못해 그냥 갔다. 그러나 어떤 때는 두들겨 맞아 전신이 상처투성이가 되어서 온 일도 있었다. 그는 또 일본인들의 종교 박해가 올 듯한 기세가 보이기 시작할 때부터 주변의 사람들에게 말하는 것이었다.

"내가 앞장서지요. 매는 몽땅 내가 혼자 맡아서 맞고 순교도 내가 맡아서 할 터이니까."

예수사랑 하심은 거룩하신 말일세
우리들은 약하나 예수권세 많도다
날 사랑하심 날 사랑하심
날 사랑하심 성경에 써 있네

'예수 천당'을 외치지 않을 때는 찬송가를 부르며 평양 거리를 행진했다. 비가 오나, 눈이 오나, 바람이 부나, 뜨거운 여름의 폭염 속이나, 손발이 얼어붙는 겨울이나, 그는 평양 거리의 어딘가에서 외치면서 다녔다.

길선주 목사와의 만남

최권능 목사가 '예수 천당!'을 외치고 다니는 것을 가장 고맙게 생각하는 분이 길선주 목사였다. 길선주 목사는 "최봉석 목사의 '예수 천당' 소리가 멈추는 날 한국의 예루살렘인 평양이 망한다"고 말하며 최 목사를 격려하여 주었다. 1927년에는 얼마 안 되는 사례비가 산정현교회에서 나왔다.

이듬해인 1928년에 서울에서 산업 박람회가 열려 팔도의 사람들이 매일같이 몰려들었다. 이 기회를 이용해서 각 교파에서도 천막을 쳐놓고 부흥회를 했는데 꽤 부흥이 되었다는 소문이 들려왔다. 김익두 목사의 대부흥운동이 일어나더니 1928년경부터는 이용도 목사의 대부흥의 선풍이 불기 시작했다.

그러나 최권능 목사는 황해도와 평안도 외의 다른 곳에 가지 않았다. 또한 그는 강단이나 집회에서 설교를 하지 않았다. 그는 길거리에서, 마을에서 외쳤다. 그곳이 그의 사역지였고, 그의 교회였다. 전도를 위하여 숨을 거두는 날까지 견지한 사실이다.

"목사님, '예수 천당', '예수 천당' 그렇게만 전도하시지 말고 다른 말씀으로 전도를 하세요."

간혹 주변의 사람들이 최 목사에게 이렇게 권하기도 했다. 그럴 때면 그는 미소를 지으며 말했다.

"인간 일생을 70년으로 잡고, 2555일 아침마다 보는 해는 꼭 같지. 인간은 변화를 좋아하지만, 그런 것 가지고는 반석 같은 신앙을 얻을 수가 없어."

태양이 비춰진 곳은 억만 가지의 빛깔을 나타낼 수가 있을 것이다. 그러나 태양 자체는 변함이 없듯이, 총소리는 천번 만번을 쏴도 '탕' 소리만 내면 그만인 것이다. 이것은 단지 그의 외침에만 해당하는 것이 아니었다. 그는 성경을 문자 그대로 믿고 그의 삶에 한 치의 왜곡됨 없이 실천했다.

나타난 이적들

1923년에는 용천군 양서면을 중심으로 해일이 밀어닥쳤다. 발견된 시체가 4백 구, 실종 된 사람이 3천 명이나 발생하였다. 당시 봉천에 있었던 최권능 목사는 이 사건을 신문에 보도된 기사를 통해 접했었다. 가슴이 아팠지만 그로서는 아무것도 할 수 없었다. 더욱이 그 무렵은 만주 전도에 바빠서 도무지 틈을 낼 수가 없었다.

만주서 돌아온 최권능 목사는 당시를 기억하며 용천군을 찾았다. 용암포에 용천군의 군청이 있다. 그곳에서 그는 서쪽으로 툭 트인 바다, 그 무시무시한 바다를 볼 수 있었다. '소금이 쉬냐? 바닷물이 넘치느냐?' 하는 속담이 있다. 소금이 쉬는 건 못 봤지만 바닷물이 넘치는 것은 여기 사람들은 소름끼치게 겪었다. 그 기억하고 싶지 않은 재앙을 겪은 이곳 사람들은 그래도 고향을 떠나지 않고 살고 있었다. 아버지, 어머니가 시체가 되어 뒹굴고, 사랑하는 자식이 송장이 되어 뒹굴고 있던 논에다 모를 심어서 모가 한참 보기 좋게 자라고 있었다.

최권능 목사는 마음을 추스르며 축호전도에 나섰다. 어느 집 앞에서 그는 발걸음을 멈춰 섰다. 대문간에 신이 여러 켤레 놓여 있었다. 무슨 일이 있어 손님이 왔는지 사람들이 잔뜩 모여서 얘기를 하고 있는 소리가 들렸다.

"예수 믿고 천당!"

예수탄을 하나 터뜨렸다. 그러자마자, 곧 누가 '턱' 하고 문 여는 소리가 났다.

"이 영감탱이 미쳤어, 응? 왜 남의 집에 와서 야단이야?"

늙은 여자 하나가 뛰어나오면서 냅다 소리를 질렀다. 신을 끼어 신고 나와서 덤벼들려고 한다. 사실 시비가 심각해질수록 이쪽 작전에 깊이 걸렸던 것이다. 그건 최 목사가 오히려 바라는 바였다.

"저놈 잡아라, 사람 죽였다아!"

늙은 여자는 번개같이 최 목사의 멱살을 붙잡고 매달렸다. 남자들은 늙은 할머니가 너무 야단을 치니까 선뜻 나서지 않고 형세를 관망했다. 최 목사는 저항하지 않았다. 별 저항이 없자, 상대방도 최 목사의 풍채를 위아래로 살피더니 슬그머니 잡은 멱살을 놓았다. 최 목사는 조용히 웃으면서 말했다.

"저는 사람을 죽이는 사람이 아닙니다. 예수교 전도하는 사람입니다. 사람을 살리러 다니는 사람이죠. 어디 아픈 사람을 좀 보기나 합시다. 제가 기도를 하면 삽니다."

최 목사를 한 남자가 앞장을 서서 인도했다. 방 안에서는 이

상한 냄새가 났다. 그는 환자를 붙잡고 간절히 기도하기 시작했다.

"하나님, 여기 용천군은 여러 가지로 재액이 많았던 곳이옵니다. 이곳 사람들은 무서운 하나님만 알고 심중 깊이 두려워 떨고 있습니다. 아무쪼록 주님의 사랑을 한 번이라도 보여 주셔서 하나님의 품으로 돌아오게 하시고 주님의 영광을 나타내 주시옵소서…."

얼마나 기도했을까! 얼마 후 환자는 '푸우~' 하고 다시 숨을 쉬었다. 이렇게 되자 하나님의 사랑에 모두 감격하게 되었고 이곳에 새로 교회가 하나 서게 되었다.

어느 산골에 갔을 때의 일이다. 한 무리의 사람들이 돼지 한 마리를 두고 모여 있었다.

"무슨 일입니까?"

최 목사가 어깨 너머로 바라보며 묻자 기다렸다는 듯이 사람들이 한마디씩 던졌다.

"돼지주둥이가 바위에 붙어서 안 떨어져요."

"장정이 서너 사람이 당겨도 안 떨어진단 말이지요."

"거참, 참 이상한 일이네."

자세히 보니 과연 큰 돼지의 주둥이가 돼지우리 안에 있는 돌담에 박아 놓은 바윗돌에 붙어 있었다.

"여러분, 기도를 하면 떨어집니다. 이것은 마귀의 장난입니다."

"그게 뭔 소리래요?"

최 목사는 성황당을 가리키며 목소리를 높였다.

"여러분, 성황당 많이 모셨지만 무슨 소득 본 거 있습니까?"

"…."

"내가 기도해서 이 돼지주둥이가 떨어지거든 성황제 중지하고 예수 믿고 천당 가도록 하십시오."

사람들이 수군거리기 시작했다.

"저 사람 최권능 목사 아냐?"

"최권능?"

그의 소문은 이미 그 산골에도 나 있었다.

"잘 살게만 된다면야 무슨 짓을 못하겠습니까?"

앞 다투어 약속을 했다. 최 목사가 기도를 시작하자, 곧 돼지의 주둥이가 바위에서 떨어졌다. 이렇게 되어 이 마을에도 교회가 새로 서게 되었다.

인덕서관

이렇게 30교회가 서는 것을 보면서 이제 평양에다 자리를 잡았다. 그가 노방전도를 하며 대동, 중화, 강서, 평원, 강동, 안주, 평북에 가서는 철산, 선천, 박천, 정주, 용천, 황해도 수안, 곡산군 등지를 다닌 기간은 1939년 감옥에 가기 전까지 13년과, 만주에 가기 전 2년, 15년간이었다. 이 기간 동안 30곳에 교회를 설립하였으니 만주에서 12년 동안 개척한 50곳의 교회와 합하면 80여 교회를 개척한 셈이었다.

그는 이제 70세가 가까운 노인이었다. 머리칼이 거의 희게 세었다. 수염까지도 희끗희끗했다. 최권능 목사는 평양 거리에서 멀리 떠나지를 아니하고 이 거리 저 골목을 돌아다녔다. 평양부 서문밖교회 대문 우측에는 인덕서관(仁德書館)이 있는데, 그 2층에 최 목사가 밤마다 지나가는 사람들에게 전도하는 전도실이 마련되어 있었다. 다니다가 지치면 여기서 외쳤다.

"예수 천당!"

인덕서관 2층의 전도실에 되돌아온 그는 그날 되어진 일을 생각하고 있었다. 모란봉의 아침 공기 맛과, 그 맑은 새벽하늘에 예수 천당이라 외칠 때의 황홀한 기분을 회상하면서 혼자 빙그레 웃고 있었다.

그는 오늘 하루 어지간히 지쳐 있었다. 그는 숨 쉴 때마다 예수 천당을 외쳐왔다.

'나는 전파하는 자다. 전파해야 영혼이 산다. 맥박이 뛰어야 피가 돌듯이 외치는 것은 나의 맥박이고 호흡이다.'

석양빛이 창문에 황금가루 같은 마지막 빛을 뿌리고 있었다.

제8장
수감생활

나이 칠십. 이제 달려갈 길이 얼마 남지 않았다. 그가 달음질해 온 길을 생각
해 보니 감사뿐이었다. 그토록 자기를 아껴주시고, 늘 함께하시며 권능을 부어
주시던 주님께 감사와 또 감사를 드렸다.

제 8 장
수감생활

신사참배

1931년에 만주에서 일어난 유조구 사건이 도화선이 됐다. 곧 만주 사변이 벌어졌고, 1934년에 만주국이 독립이 되고, 부의가 즉위했다. 이때에 일본군은 열하로 쳐들어간다는 보도를 연일 내보내고 있었다. 1936년에는 손기정이 베를린올림픽에서 1등을 함으로 세상이 또 한번 발칵 뒤집혔다. 이처럼 세상이 술렁이던 그해에 마포삼열 목사가 귀국했다. 그는 46년간 한국에 와서 전도를 하고, 72세의 노인이 되어 본국인 미국으로 갔다. 당시 우리 한국에는 1천 5백 교회와 20만 신자가 있었다. 그러나 이 무렵 교회 내부에는 자유주의가 꿈틀거리기 시작했다. 그래서 최권능 목사는 외쳤다.

"믿는 이에게도 더욱 예수!"

교회의 탄압과 분열도 뒤따랐는데 그 빌미를 제공한 것이 '신사참배'였다. 일본인들은 신사를 지어놓고 모두 그 신사에 참배하였고, 무슨 일이 있을 때마다 신사에 가서 배례함은 물론, 우리 나라 사람에게도 그것을 강요했다. 이것은 상식적으로 판단해도 하나의 우상숭배였다. 사실 우리는 일본 역사를 보면 명치 이래의 천황에 대한 신성관은 별안간 일어난 것임을 안다. 그들의 근 8백 년 가까운 무인 독재나 그 전의 척신들의 세도정치 시대의 역사에도 왕실에 대한 존엄이 종교가 될 정도는 아니었다. 갑작스러운 천황의 절대 신앙은 일본 정치인들의 국민우롱은 아닐지라도 빗나간 순정임은 분명하다.

1935년 가을에 평남 지사가 윤산온 박사와 스늑양을 초청했다. 윤산온 박사는 숭실전문의 교장이고 스늑양은 숭의여자고등보통학교의 교장이었다. 이들을 도지사실에 불러다 놓고 말했다. 그 무렵에는 이미 평양에도 신사를 세운 후였다.

"오늘 회의를 시작하기 전에 신사에 가서 경의를 표하고 오는 것이 좋을 듯한데, 여러분 의향이 어떠시오?"

윤산온 박사는 즉석에서 거절했다.

"그리스도 교인인 우리들은 그리스도 이외의 신 앞에 경배를 드릴 수는 없습니다."

그 이유를 설명하려 하자, 일본인 지사는 들을 필요가 없다면서 강압적으로 말했다.

"집에 가서 60일간 잘 생각해 보십시오. 조선은 현재 일본의 통치 하에 있소. 우리는 한마음이 되어 이 시국을 극복해야 될 위기에 있소. 당신네들이 당신네들의 신의 가호를 받아야 된다면, 우리도 우리의 신의 가호가 필요합니다. 그러니 기어이 우리 말을 반대하신다면 여기서는 교육을 실시할 수가 없습니다."

이렇게 되자 자연 선교사들과 평양에 있는 27명의 목사들이 모여 회의를 하게 되었다. 우리 동족 목사들은 두말할 여지도 없이 반대했다. 60일 후에 윤산온 박사와 스극양은 신사에 참배할 수가 없다고 지사에게 통보했고, 얼마 안 가 이들은 고국으로 추방되고 말았다. 일이 이쯤 되자 교회는, 이 잔을 마시지 않을 수만 있으면 되도록 마시지 않고 넘어가려고 백방으로 노력했다.

경성에 있는 외사부에 오다라는 일본 사람이 있었다. 그는 기독교인이었다. 오다는 조선의 교회 지도자들에게 신사참배는 단순한 애국 행사니까, 우상숭배가 아니라고 했다. 그에게 우리 측의 목사들이 물었다.

"그럼 신사에 혼이 없는가? 혼이 없으면 그렇게 할 수가 있다."

오다는 혼이 없다고는 말할 수가 없었는지 혼은 있다고 했다. 신사참배 문제는 원만한 해결이 어렵게 되어 갔다. 학교도 이 문제에 대해서는 갈팡질팡이었다. 기독교 계통의 학교를 제외하고는 모두 신사참배도, 궁성요배도 그대로 순종하는 판국으로 흘러가고 있었다. 신사참배를 안 하는 교인은 직장에서 쫓겨나고 신사참배를 거부하는 학생은 학교에서 정학 처분이나 퇴학을 당하게 되었다. 일본은 본격적으로 교회와 교회의 집회에 압력을 가하기 시작했다.

그런데 하나의 희망적인 빛이 희미하게나마 있었다. 당시 조선 교회에서 기대하는 것이 일본 교회였다. 일본에도 기독교가 있었기 때문이다. 유교와 불교는 우리가 일본에다 건네어 주었지만, 기독교만은 일본도 우리도 각각 받아들였다. 그러나 문제는 일본 교회 지도자 대부분이 이 지상 나라의 번영을 위한 의식은 우상숭배가 안될 수도 있다는 사상을 가지고 있다는 것이었다. 천주교 시대에는 그들도 우리도 많은 순교자를 내었다. 하지만 신사참배 문제가 일어날 때 일본 교회는 먼저 굴복했던 것이다. 그러나 한국 교회는 항쟁했다. 이 과정에서 향내 나는 산 제물이 많이 나왔다.

결국 1937년에는 기독교 계통의 학교들이 문을 닫기 시작했다. 신사참배를 강요하는 칼바람이 불어 닥친 것이다. 그리고 조선 교회는 사실상 일본 우상 밑에 깔려버리는 형편이 되었다.

이러한 판국인데도 최권능 목사는 평양의 거리에 큰 목소리로 '예수 천당!'을 외치면서 다녔다. 어떤 때는 신호등까지 아주 무시했다.

"영감 영감! 신호등이 안 보여?"

순사가 덜미를 잡고 최 목사를 인도로 간신히 끌어냈다. 그는 신호등을 무시하고 찬송가를 부르며 거리를 횡단하려 했던 것이다.

"대낮에 노래는 무슨 노래요?"

"당신은 무엇 때문에 길거리에 나와 있는 거요? 사람들 부상 당할까봐 지키는 것 아뇨? 수고해요, 수고해. 서로 만나 수고한다고 인사는 못할망정 이게 뭐요? 신사 체면에 남의 덜미를 잡고!"

"그건 신호등을 무시하니까 그렇지!"

언쟁 끝에 결국 경찰서까지 연행이 되었다.

"일본이 하나님의 신호등을 무시하는 건 모르는 거요? 순사 나으리…."

경찰서에서도 '예수 믿고 천당 가야지 안 믿으면 멸망한다' 고 경찰서가 떠나가라고 소리소리 질렀다.

경찰서장이 지나가다가 이것을 봤다.

"누가 최 목사를 끌고 왔어?"

"네, 신호등을 무시했거든요."

"그럼 조심하라고 타이를 일이지, 노인이 되어 못 봐서 그런 것 아닌가?"

그리고는 서장이 최 목사 앞에 가서 자기 부하가 잘못했으니 용서해 달라고 했다.

"종교의 전도는 자유로 되어 있어."

최 목사는 경찰서를 나왔다.

그리고 또 한번 큰 소리로 '예수 천당!' 을 외쳤다. 순경들이 내다보고 웃고 있었다.

"미친 영감일 테지…."

신사참배 문제가 총회에 편법으로 상정이 되고, 일본 관리들이 공작을 해서 사태는 점점 어렵게 되어 갔다. 최 목사는 총회에서도 신사참배를 반대하는 쪽의 거두요, 집회에서나 모임에서 신사참배를 결사적으로 반대해 왔다.

평북노회는 1938년에 신사참배를 하기로 가결하여 먼저 신앙의 순결을 저버렸다. 이때 신사참배를 하기로 가결한데 공이 큰 김일선 목사는 형사 출신의 목사였다. 장홍련이란 신학생이 평양신학교 뜰에 있는 김일선 목사의 기념식수를 베어버렸다.

1938년 총회가 신사참배를 가결하자 최권능 목사는 공개적으로 이를 반대하였다. 사정이 이러하니 경찰에서도 언제까지나 그를 미친 사람이나 바보로만 볼 수가 없었다. 결국 그는 지명수배를 받게 되었다. 그러자 그는 주위의 충고도 있고 해서 잠시 서해의 평북 선천군 신미도란 섬에 가서 숨어 있게 되었다.

신미도

신미도는 이따금씩 서울서 대련으로 가는 비행기가 수평선을 가로질러 나는 모습이 눈에 띌 뿐, 고깃배의 고동소리와 갈매기의 울음이 어우러져 화음을 이루는 전형적인 항구였다. 황해 바다 어업의 중심지가 되어 항구는 고깃배들과 어부들로 북적였다.

최권능 목사는 멀리 기선이 지나가며 남기고 간 흰 연기가 가물가물 사라지는 모습을 말없이 지켜보고 있었다. 1938년에 주기철 목사가 구속이 되는 것을 보고 신미도로 온 터이었다. 당시 평북에서는 신사참배를 안 하는 신도들만으로 노회를 조직하는 일이 비밀리에 추진이 되고 있었다.

① 신사참배를 하는 노회원은 노회에 있는 각 집회에 출석 못하게 하고, 또 각 교회도 노회 부담금을 내지 못하게 하고, 노회를 파괴해 버리고,
② 신사참배를 반대하는 신도들만으로 새 노회를 조직할 것,
③ 신사참배를 하는 목사에게는 세례를 받지 못하게 할 것,

④ 신사참배를 반대하는 교우끼리 서로 협조할 것,

⑤ 가정예배와 가정 기도의 개최에 힘을 써야하며 한편 개인전
  도에 힘을 쓰며 신사참배 간 교우들을 회개시킬 것.

이러한 조항의 약조를 하였다. 그러나 이러한 조항들이 중요
한 것은 아니었다. 성도들의 마음속에 각오가 서고, 나아갈 길
이 명백해지고 있었기 때문이다. 신사참배는 사신우상을 섬기
는 일이요, 마귀에게 굴복당하는 일이므로 절대 반대하고 지하
교회에 숨어 예배드리는 늠름한 지하 성도들이 도처에서 일어
났다.

그러나 일제의 핍박은 그 강도를 더해 갔다. 핍박받는 성도들
의 가슴을 더욱 아프게 한 것은 소위 고등계 형사들의 앞잡이
주구파 교역자들의 추태였다. 그들의 행태는 이루 말할 수 없었
다. 그들은 조선의 교회를 사신우상에게 헐값에 팔아넘기고 있
었다. 이기선 목사도 구속되었다는 소식이 들려왔다.

'주님⋯.'

긴 탄식이 새어 나왔다. 마음 한구석이 시려왔다. 일본 지도
자들에게 신교의 자유를 허락해 달라고 건너간 박관준 장로와
안이숙 선생의 교섭 결과가 어떻게 되었는지 궁금했지만 알 수
있는 길이 없었다. 답답했다. 무엇인가 해야 하는데 할 수 없다
는 것이 안타까웠다. 최권능 목사의 눈가에 눈물이 맺히기 시작
하더니 이내 소리 없이 흘러내린다. 눈물로 뿌옇게 흐려진 시야
에 지난 시간들이 스쳐 지나간다. 자기 기도로 죽은 사람을 살
리고, 방천 둑이 나무뿌리로 메워졌던 이적들이 눈물방울에 담

겨 떨어진다. 과분한 은혜였다.

'여기까지 인도하신 하나님 감사합니다.'

나이 칠십. 이제 달려갈 길이 얼마 남지 않았다. 그가 달음질해 온 길을 생각해 보니 감사뿐이었다. 그토록 자기를 아껴주시고, 늘 함께 하시며 권능을 부어주시던 주님께 감사와 또 감사를 드렸다.

너울너울 갈매기의 날개짓이 참 자유로워 보였다. 최 목사는 돌맹이를 하나 집어 들고 모래밭위에 '예수 천당'을 큼직하게 써보았다. 쏴쏴 둘둘둘 멍석말이를 하고 밀려오는 바닷물이 모래사장을 두들기며 슬슬슬 밀려가더니 '예수 천당'을 흔적도 없이 지워버린다. 그는 다시 '예수 천당'을 썼다. 바닷물이 지우고 또 쓰길 수차례. 그는 마치 모래사장에 '예수 천당'의 흔적을 남기려는 듯이 힘주어 쓴다.

"목사님, 예수 천당은 이제 잠시 동안은 멈추셔야만 돼요. 여기 경찰관 주재소에 순사부장 일본인이 눈독을 올리고 있거든요."

한참을 지켜보고 있던 정집사가 최 목사 뒤에서 나지막한 목소리로 말했다. 최 목사의 전도로 예수를 믿게 된 정 집사는 이 권능의 목사를 모시는 것을 크게 영광으로 생각하고 있었다. 정 집사는 말할 것도 없이 신사참배를 반대하는 편의 교회의 집사였다. 하지만 최 목사를 아끼는 마음이 너무나 컸기에 불길로 뛰어들려는 최 목사를 어떻게든 막아보고자 했다. 정 집사가 하는 얘기를 최 목사는 웃는 얼굴로 들으면서 아무 말도 하지 않았다. 그러나 그의 마음속에는 이미 누구보다도 이번 싸움에 자기가 앞장서야 되겠다는 생각이 자리잡고 있었다. 순교할 각오를 매일 다짐하면서 또 한번 예수님을 위해서 외칠 기회를 조용하게 기다리고 있었다.

그리고 다시 봄이 왔다. 섬 안에 논밭에도 보리가 한 길이나 자라고 종달새가 높이 떠서 노래를 했다. 최 목사는 섬사람들에게 "예수 천당!"이라고 외치기도 하고, 하나님 섬기는 도리를 가르치기도 하며 시간을 보냈지만, 그 어느 때보다도 지루한 일 년이었다. 하나님의 특별 은사(이적)를 가장 많이 받은 자기가 나서서 고통받는 이들의 매를 대신 맞아 주어야 되겠다는 생각이 불쑥불쑥 고개를 치켜드는 것을 여러 번 여러 번 잠재우며 보낸 시간이었다. 자신이 져야 하는 십자가를 내팽개치고 도망 온 기분에 마음이 불편했다.

그해 5월 15일, 최 목사는 정 집사네 사랑에서 짚신을 삼고 있었다. 밖에서 자기를 찾는 기척이 났다. 문을 열고 밖을 내다보니 낯선 사람이 서 있었다.

"예수 천당!"

이 한마디는 최 목사의 명함과도 같았다. 또한 수많은 의미를 담고 있는 한마디였다. 자기 이름을 대는 것도 되고, 상대방에게 대한 인사도 되고, 축복이 되는 동시에 전도가 되는 한마디였기 때문이다. 그는 '예수 천당'이란 말만큼 쓸모가 많은 말을 자기 일생에 찾지를 못했다.

"영감님이 최 목사요?"

젊은 청년은 일본인이었는데 얼핏 보아도 형사인 줄 짐작이 가는 행색이었다. 고대하던 곳에서 온 호출이었다. 가슴을 치며 눈물을 짓는 마을 사람들과는 달리 최 목사는 너무나도 평안해 보였다.

"정 집사 고마우이."

"예수 잘 믿우라우. 그래야 천당가디."

"우리 천당에서 봅시다."

정 집사에게 신세진 것에 대한 인사로 그의 손을 꼭 쥐고는 모여선 마을 사람들에게 일일이 인사를 남기고 배에 올랐다.

유치장에서의 '예수 천당'

육지에 도착한 최 목사는 선천 경찰서에 끌려가서 간단한 신원조사를 받았다. 조사가 끝나기가 바쁘게 평양으로 이송되었다. 평양 경찰서에 구속되고 보니 신사참배를 반대하던 많은 신도들이 모여 있었다. 오윤선 장로, 채정민 목사, 주기철 목사 등이 보였다. 비록 옥중이었지만 믿음의 동지들을 만나니 그 반가움은 이루 말할 수 없었다. 주기철 목사와는 1936년에 산정현 교회에서부터 동역한 사이였다.

이미 앞서 투옥된 이들은 심한 고문에 지칠 대로 지쳐 있었다. 그때는 신사참배 안 한다고 구속이 된 조선인 성도들을 고문과 매로 온갖 짓을 다하고 있는 때였다. 고문을 하는 방법은 다까기라는 순사의 입을 통해서 말한 것으로 알 수 있는데, 고춧가루 탄 물을 콧구멍으로 부어 넣어 배가 불러오면 구둣발로 쾅쾅 배를 밟았다는 것이다. 길선주 목사의 지시로 최권능 목사에게 늘 사례금을 주어 오던 이유택 목사는 고문이 너무나 심하니까 빨리 죽는 복을 달라고 기도 했다.

최 목사는 유 형사라는 사람이 늘 책임지고 미행을 할 만큼 그들의 신경을 자극해 온 인물이었으니 그에게 가해질 고문의 강도는 이미 짐작하고 남음이 있었다. 취조가 시작되기 전부터 최 목사는 모든 것을 주님께 맡기고 기도를 드리기 시작했다.

일본 취조관 중에는 꽤 유식한 사람들도 있었다. 번갈아 가며 여러 가지 각도에서 조사가 진행이 되었다.

"최권능 목사는 일본인 연대장에게도 전도를 했다는데 군인의 국가에 대한 임무는 중요하다고 생각하지 않는가?"

"중요하다고 생각합니다."

"그런데도 버럭버럭 소리를 질러서 말을 놀래게 해 낙마를 할 정도였다니 너무나 악을 쓰면서 고함을 악마적으로 지른 거로 아는데, 그때부터 일본 국가를 증오하고 일본의 패망을 기도하고 있었던 것이 아닌가?"

"일본 나라를 망하게 할 생각은 없고 다만 모든 사람이 하나님의 자녀가 되는 이치를 깨달았을 뿐입니다."

"일본에도 기독교인은 있어. 세계적으로 명성이 높은 기독교인의 수가 여기 조선의 유가 아니란 말이야. 그들은 지금의 이 일본의 비상시에 모두들 협력을 하고 있어. 여기 조선과 일본은 동양의 평화와 나아가서는 세계 평화를 위해서 한 나라가 된 것이야. 괜히 눈앞의 쥐꼬리만한 성경지식을 갖고 고집을 하는 거야. 성경에는 십계명만 있는 것이 아니라, 내가 너희들을 사랑하듯 너희들도 서로 사랑하라고 했단 말이야. 이번에 일본은 아시아인의 아시아로 만들려고, 늘 서양 사람들의 압제 하에 시달리던 아시아인을 건져내려고 피를 흘리고 있어, 성전(聖戰)이야. 일본군인 하나하나가 총에 맞아 쓰러져 죽으면서 동양의 평화, 세계의 평화를 늘 염려하시는 천황 폐하 만세를 부르면서 죽고 있단 말이야. 조선의 목사들이 뭘 했어? 일본의 가가와는 13년간 빈민굴에 들어가 깡패, 불량배를 선도 교화하지 않았는가? 조선 교회에 가가와의 3분의 1만큼의 사랑을 가진 목사가 있거든 이름을 대란 말이야! 가가와도 신사참배에 앞장서서 반대하지 않았단 말이야. 그런데 괜히 꾐에 넘어가서 신성한 아시아인의 해방전쟁에 흠집을 낼 작정인가?" 하며 '꽝!' 하고 탁자를 쳤다.

"세계 평화와 동양 평화는 하나님이 알아서 하실 일입니다. 중국인을 학살하고 학살당한 중국인의 피가 하늘에 호소할 때 일본은 망합니다."

최권능은 아들 광화 생각을 하면서 그렇게 항변했다.

"나는 조선 교회의 목사들이 신사참배를 반대한다고 동양의 평화가 오리라고는 생각할 수가 없단 말이야. 당신은 현재 분명히 죄를 짓고 있어. 과거에 자기 나라가 망하고, 그 망한 자기 나라를 죽음에서 되살려 갱신시킨 또 하나의 조국, 그 제2의 조국이 다른 외국에게 망하는 꼴이 되고 싶단 말인가?"

"신사참배를 안 하는 것이 하나님 앞에 무슨 큰 공로가 된다는 것은 아닙니다. 우리가 절벽에서 떨어지면 죽습니다. 그리고 독을 먹거나 나쁜 음식을 먹으면 배탈이 납니다. 정신이 없는 사람은 모르되 제정신을 갖고는 죽는 줄 알면서 신사참배는 못합니다. 회개하고 예수를 믿으십시오."

점잖게 타이르면 타이르는 말을 권세 있는 말로 반박을 해버리니 그 사람은 물러나고 이번에는 지독한 자가 바꿔 앉았다.

바로 옆방 고문실에서는 성도들이 얻어맞고 신음하는 소리가 끊임없이 들려왔다.

"늙었다고 말귀를 알아듣는 귓구멍이 조금은 뚫린 줄 알았더니 아직 생짜구먼…."

"취조라는 건 때리는 건가, 사실을 알아보는 건가?"

"닥쳐! 이 여우 같은 놈의 늙은이!"

악을 쓰고 막대기로 사정없이 후려갈기니 콘크리트 바닥에 푹 쓰러졌다.

"사실대로 얘기를 한다는데 왜 이러지."

"주둥아리를 닥쳐. 네 얘기를 듣자는 게 아냐. 조선 놈의 그 도둑놈 근성을 고쳐주는거야. 이 고약한 늙은이 기어코 굴복시키겠다. 아가리를 구두 발길로 콱콱 다져놔라! 정신이 돌아오게시리."

구두 발길로 콱콱 밟는 통에 코가 밟혀서 코피가 나왔다. 피가 저고리 위에 낭자하게 묻었다.

"조센징의 역사를 읽어보면 더러워서 속에서 똥물이 다 나온다. 네깐 놈들은 교만한 죄야, 네깐 놈들은 속의 속까지 다 썩었어. 네깐 놈들은 해부를 해서 배때기를 째고 염통을 오려내어서 거기다가 소금을 뿌려야 돼."

이쪽저쪽 방에서 비명 소리가 들려왔다. 최 목사는 얼마나 맞았는지 말을 하고 싶어도 찢어져 부운 입이 열리지 않았다. 신음 섞인 소리로 겨우 한마디 뱉어냈다.

"예수 천당!"

"자알 놀아난다."

"예수 천당!"

"지독한 늙은이군!"

최 목사는 겁이 나지 않았다. 그들은 점심을 먹고 나더니 다시 매를 때리기 시작했다. 그는 아프다는 소리 대신에 "예수 천당!"을 외치기 시작했다. 허리가 결리고 가슴이 막혀서 말을 못 하게 되어도 숨이 터지는 것과 동시에 "예수 천당"은 흘러나왔다.

"예에!"

"수…."

"처언…."

"다앙!"

악이 받친 형사의 몽둥이가 쉴 새 없이 최 목사에게 둔탁한 소리를 내며 떨어졌다.

"예에…."

'수'를 발음 못하고 실신을 했다. 그러면 얼굴에 물을 끼얹었다. 깨어난 그가 겨우 자세를 고쳐 앉으면서 그들을 향해 선포했다.

"내 몸에는 예수 천당이 꽉 찼단 말이오. 내 전신에 피가 들어 있어 바늘로 찌르면 어디든 피가 나오듯이 예수 천당이 나올 터이니까 어디 계속 쳐보시오."

"이게 아직 매가 모자라!"

'탁'

"예수 천당!"

'탁'

"예수 천당!"

'탁'

"예 천당!"

'탁'

"예탕!"

"아주 말도 못하게 때려버려!"

'탁탁 탁탁'

"으으으음 예에 수 처언 다앙….”

최 목사는 다시 바닥에 쓰러지며 의식을 잃었다.

"지독한 영감탱이….”

사실 취조란 것이 필요 없는 뚜렷한 사실이었다. 그들의 목적은 사실을 사실대로 자백을 시키는 데 목적이 있던 것이 아니었다. 매와 죽음으로 위협해서 그들의 신앙을 꺾자는 데 목적이 있었으니 사탄의 짓임에 틀림이 없었다. 그러니 투철하게 성령으로 무장한 성도들은 점점 자기들의 신앙이 굳어가고 그 핍박 속에서 무한한 천국을 맛보는 순간이 되었던 것이다. 이렇게 사탄이 하는 짓은 언제나 하나님의 전략에 협조하는 결과로 역전되는 것이었다. 그들은 자기네들의 모략에 스스로 속는 꼴이 되고마는 터였다.

2천여 명의 사람들이 걸려 들어왔지만 죽도록 충성할만큼 신앙이 익은 사람의 수는 그렇게 많지가 않았다. 뺨 두어 대에, 몽둥이 몇 대에, 구두 발길 서너 번에 넘어지는 사람의 수도 많았다. 그리고 취직자리와 기타의 위협이나 유혹으로 넘어 가는 사람의 수는 더 많았다.

최 목사는 소년 때부터 매 속에 자라나고, 핍박 속에서 30년을 견디어 온 만큼 끄떡도 없었다. 오랜 고난을 견디어 내고 비교적 불안함이 없이 이 싸움에 가장 든든한 자세로 임한 분은 최 목사였다. 고문을 받는 동안에, 그들이 제국주의 사신우상의 나라에 아부하고 동족들을 잡아 죽이는 하수인들이라는 것은 이미 알고 있었지만, 그들의 생각이 얼마나 추잡하고 더러운 것인가를 뼈저리게 느끼게 되었다.

그는 한상동 목사에게 경남에서도 신사참배를 반대한 사람만의 노회 구성이 익어간다는 말을 들었었다.

> 예수사랑 하심은 거룩하신 말일세
> 우리들은 약하나 예수권세 많도다.

감방 안에서 큰 소리로 찬송을 불러 다른 성도들의 용기와 인내에 격려를 보냈다.

"사실 생각하면 일본 경찰이 사탄의 수족이 되어 조선 교회의 교역자들을 모조리 때려죽인다고 해도, 그들은 순교자의 영광을 만드는 도구가 된 셈이다. 곧 그들은 하나님의 사역에 협조할 뿐인 것이고, 맞아 죽는 사람 입장으로 보면 십자가의 고통을 예수님과 함께 동참하는 것이 된다. 그리고 때려죽이는 사람은 자기의 영혼을 사탄에게 파니 밥 팔아 똥 사먹는 밑지는 장사다."

최 목사의 머리에 이런 생각이 번쩍거리기 시작함과 동시에 그의 얼굴에서는 광채가 나기 시작했다. 그래서 누구든지 한 방에 들어오는 목사가 있으면 자기의 소신과 신앙을 차근차근 얘기를 해서 들려주기 시작했다. 그 가운데는 젊은 목사도 있었다. 주기철 목사는 29세나 연하였다. 그러나 나이가 말하지 않았다. 믿음이 말했다.

최 목사에 대한 취조는 계속 되었다.

"신사에는 일본 천황 폐하의 직계 선조가 봉안이 되어 있는데 거기 참배하기가 그토록이나 싫다면 일본의 천황 폐하에 대해서는 어떻게 생각하는가?"

"이 속세에서 임금님으로, 임금님의 신하가 된 도리는 다 해야 된다고 생각합니다. 그러나 제가 섬기는 하나님은 이 우주의 창조주이며 이 우주를 다스리는 분이라, 천황 폐하도 그 하나님의 통치를 받는 여러 나라의 임금님 가운데 한 분이라 생각합니다."

"그럼 우리 대 일본 제국의 천황 폐하도 예수를 믿어야 된다고 생각하는가?"

"믿어야만 된다고 생각합니다."

"믿는다면 어떻게 되는가?"

"구원받고 일본 나라는 더 좋은 나라가 될 것이고, 일본 국민 가운데 기독교 교인이 많아지고, 참으로 좋게 되리라고 생각합니다."

"최 목사를 누가 옳은 사람이라고 말하는 사람이 있나. 최 목사는 평양에선 예수에 미친 사람이란 소문이 났을 뿐이야. 평양 부민의 백 명 중에 99명은 최 목사를 정신병 든 사람으로 보고 있어!"

"뭐라고 말하든 그것은 내가 알 바가 아닙니다. 나는 직접 예수님을 내 생활을 통해서 체험을 했고, 죽은 사람을 살려내고 나도 죽었다가 되살아 난 일이 몇 번이나 있습니다. 당신네들이 여기서 나를 백 번을 죽인대도 나는 '예수 천당!'을 외치면서 죽었다가 되살아날 것이오."

이때는 취조관 편에서 움칠한 듯했다. 무엇인지 놀란 안색이 되었다. 취조를 하면 할수록 자기네들이 말려들게 되는 것을 취조하는 편에서도 깨닫게 되는 눈치였다.

1910년에는 푼돈 천만 원 미만의 돈을 뿌려서 이 삼천리강산의 정권을 빼앗을 수가 있었다. 그리고 이번에는 수천 명의 신사참배 반대자를 어르고 달래서 굴복시킨 셈이었다. 끝까지 굴복치 않는 성도들 수는 불과 얼마 안되는 셈이었다.

아무리 조선을 깔본다 해도 일본이 먹기까지 기독교인들의 지조만은 만만치가 않았다. 이것은 성령의 역사였던 것이다. 끝까지 일본 귀신들에게 굴복치 않은 이들은 미국 유학을 한 분도 아니고, 박사도 아니며, 지금까지 명성을 떨치던 인물들도 거의 아니었다. 지금까지 무명 인사이었거니와 또한 이 일이 없었다면 그냥 그대로 평탄한 일생을 보낼 보통사람들인 것이다.

일본인 관리도 악마에게 쓰여져서 마음이 모질어질 순간이 있다 하더라도 때로는 인간 본연의 양심으로 되돌아 올 때도 있었다. 평양 감옥에서도 순교를 각오한 진짜 알맹이 교인이 10여 명 이상이 된다는 것을 확인한 일본 정부는 신중하게 이 문제를 다루게 되었다.

평양 형무소에 모인 그리스도인의 정병들

1940년에 최권능 목사는 주기철, 채정민, 이기선, 방계성, 한상동, 고홍봉, 김인희, 최덕지, 안이숙, 주남선 등 전국 각지에서 잡혀 온 신사참배 반대운동자들과 함께 평양 경찰서에서 평양 형무소로 이송되어 수감되었다. 그날은 청명한 날이었고 로댕이 조각한 저 프랑스의 카레의 시민같이 쇠고랑을 차고 평양 형무소로 갔던 것이다.

주기철 목사 중심의 산정현교회의 신앙 양심의 뿌리는 의외로 완강하고 확고했다. 그도 그럴 것이 산정현교회에서만 두 사람의 목사와 네 사람의 장로가 옥중 성도가 되었던 것이다. 최권능 목사와 주기철 목사는 마치 부자간같이 평양 경찰서에서 한날한시에 평양 형무소로 가고 또 평양의 재판소에도 출두했다.

평양 형무소에 수감된 후에 겨울이 가고, 그러니까 1941년 그 대동아전쟁이 터지는 해의 정초 몹시 추운 어느 날, 평양 형무소에서 다시 재판소까지 도보 행렬을 하여 재판을 받으러 가게 되었다.

형무소 감방에서 끌려나온 최 목사와 일행이 된 남녀 성도들은 얼음판 위를 걸어가게 되었다. 짚으로 만든 용수를 쓰고 길을 걸었다. 흰 옷을 입은 최 목사의 머리는 양털같이 희고 퍽 경건한 모습이었다. 그는 그때 자기의 몸으로 산 제사를 드려야 할 사제이며 제물이 되고자 했던 것이니까….

박관준 장로와 최권능 목사는 그 때는 벌써 칠십을 넘은 고령이었다. 이조의 대전통편에도 70이 넘으면 무죄로 용서하는 법이 있다. 70에 무법이란 말이 있다. 그런데 일본인들은 황도란 말로써 이토록이나 잔인한 무법을 행하고 있었다.

　얼음판 위에서 채찍으로 빨리 가라고 마구 때리는 바람에 넘어졌다. 제일 연로했던 최 목사가 넘어지면서 그 채찍을 얼굴에 얻어맞자, 얼굴은 언 살이라 터져서 피로 옷을 적셨다. 그리고 재판소에 가서는 앉지도, 허리를 굽힐 수도 없는 컴컴한 대합실에 얼마 동안 세워 놓았다가 재판을 시작했다.

　재판은 일사천리로 끝났다. 일본 헌법 제3조에 해당되는 죄명이 씌워졌던 것이다. 천황의 신성 불가침이란 관념에 저촉이 된 것이다. 최 목사의 '일본왕도 예수를 안 믿으면 지옥간다' 는 말 한마디가 자기네들로 봐서는 평생토록 살아야 할 무기징역의 큰 죄과가 된다고 판정했다.

　최 목사에 대한 죄목은 다음과 같았다.

　① 독립운동을 하였다.
　② 일본천황을 무시하고 하나님을 높였다.
　③ 선교사인 미국인과 연락하여 비밀공작을 했다.
　④ 예수가 재림하고 천년왕국이 임한다는 것을 강조했다.
　⑤ 교인들을 선동하여 민심을 소란케 하고 항일 사상을 선전하
　　 였다.
　⑥ 교회의 원로로서 후배들에게 신사참배를 못하게 하고 신사
　　 참배를 하는 사람들을 괴롭힌다.

　당시 일본의 헌법 28조에 보면 신교의 자유란 조목이 들어있긴 하였다. 그런데 '일본신민은 안녕 질서를 방해하지 않고 신

민으로서의 의무에 배치되지 않는 한' 이란 단서가 붙었다. 일본의 의회주의도 민주주의도 겉치레 뿐이고 명치 정부의 중신들이 자기네들 마음대로 천황제 아래서 농권을 할 수 있게 꾸민 조작물이었다. 그리고 일단 관직에 오르면 출세욕에 눈이 멀어버린다. 그리고 이 천황제란 마취약에 걸려서 이성을 잃어버리고 마는 터였다.

종교는 정치와 차원이 다른 세계에 속한다. 천황은 정치 기구에 속한다. 그것을 자기네들의 일시적인 통치의 이권을 위해서 현인신이 한 연극을 꾸미고 대동아의 맹주가 되리란 꿈은 너무나 안이하고 얄팍한 잔재주였던 것이다.

세상의 정치적 도구로 화하는 재판이란 것이 엉터리이기에 동서고금의 어느 곳 어느 시기에나 억울한 죄로 우는 죄수가 있었다. 일본의 위정자들은 철저하게 기독교 전도자들의 순정을 짓밟는 데 온갖 수단을 다 썼다. 무작정 감방에서 파렴치범들과 같이 있게 되었다. 기한이 없었다.

일본인 간수들 중에는 우리 조선 교회의 성도들이 이유 없이 두들겨 맞고 욕보는 것에 동정하는 자들이 있었다.

조선 교회의 이러한 핍박과 탄압은 우리 성도들로 봐서는 하나의 연단의 기회였고, 산 증거가 되었다.

평양 경찰서에서 모든 악독과 극한 시험을 이겨낸 성도들 30여 명 중에는 30대부터 70대까지 포함되어 있었다. 이 가운데 70세를 넘은 분은 오윤선 장로, 채정민 목사, 최권능 목사와 다른 세 사람이 있었다. 1941년 당시 최 목사의 나이는 72세였다.

제9장
순 교

가장 큰 형벌과 불행은 이곳에 수감되어 있는 것이 아니라, 예수를 알지 못
하고 죽는 것이라는 생각이 들었다. 복음을 들을 기회를 갖지 못하고 죽는 이가
얼마나 많은가!

제 9 장
순 교

순교자들의 옥중 생활

우리는 이 무렵의 평양 형무소 순교자들의 영성 생활을 조금 더 살펴볼 필요가 있다. 주님만을 위하고, 주님만을 높이고, 그의 영광만을 생각하는 자세로 감옥 생활을 하는 중 무한한 기쁨을 맛보면서 천성 문을 향한 이 하나의 성결한 인간 대열을 빈 마음으로 바라보라!

그들의 아침은 찬송으로 시작됐다.

높은산이 거친들이
초막이나 궁궐이나
내주예수 모신곳이
그어디나 하늘나라

회개의 기도와 감사의 찬송이 그치지 않는 평양 형무소에는 하늘과 사닥다리가 놓여진 터였다.

예수사랑 하심은 거룩하신 말일세
우리들은 약하나 예수권세 많도다

최권능 목사의 마음 깊은 곳에서도 이러한 찬송이 끊임없이 흘러나오고 있었다. 하지만 옥중 생활은 분명 아픔과 고통이 끊이지 않는 곳임은 분명하다. 최 목사는 동족들에게도 몹시 학대를 당했다. 예수님을 학대한 것은 로마인이 아니었다. 동족이었다. 동족에게 당하는 핍박은 그 강도와 세기를 떠나서 다른 차원의 상처를 안겨주는 것이었다. 어느 주일 날 조선인 형사들에게 거의 죽을 지경이 되도록 얻어맞았다.

한편 어떤 목사들은 자기 혼자 잘 살겠다고 일본 세력에 아부하고, 별의별 추태를 다 부리면서도 회개할 줄을 몰랐다. 조선 교회에 많은 교역자가 있었지만 예수의 십자가에 동참하는 길인 순교로써 믿음을 지킨 목사는 불과 몇 분 되지 않는다.

옥중전도

계속되는 핍박에 최권능 목사의 몸은 성할 날이 없었다. 고통에 신음하다 잠드는 날이 많았다. 아침은 어김없이 찾아왔다. 작은 창을 통해 들어오는 햇살을 맞으며 최 목사는 눈을 떴다. 여기저기가 욱신거려 왔다. 겨우 몸을 일으켜 세운 그는 벽에 기대어 앉았다.

"주님, 감사합니다."

또 한 날을 맞이할 수 있다는 것, 오늘도 호흡하고 있다는 것만으로도 그는 하나님께 감사를 드렸다. 또한 예수로 인해 핍박받을 수 있다는 것조차 그에게는 감사의 조건이었다. 밤새 그의 머리맡에서 그를 지켜주었던 손때 묻은 성경책을 집어 들었다. 성경을 펼치고 읽으려는 순간 성경 너머로 아직 잠에서 깨어나지 않은 다른 죄수들이 눈에 들어왔다.

'이들에게도 전해야 한다.'

가장 큰 형벌과 불행은 이곳에 수감되어 있는 것이 아니라, 예수를 알지 못하고 죽는 것이라는 생각이 들었다. 복음을 들을 기회를 갖지 못하고 죽는 이가 얼마나 많은가! 최 목사는 한 감방에 있는 이들이 깨어나길 기다리다가 불러 모았다.

"이보게들 예수를 믿는 것은 떡 광주리에 넘어지는 것 같다네."

갑작스런 최 목사의 말에 다들 어리둥절한 표정이었다.

"어른 말을 들으면 자다가도 떡이 생긴다는 말이 있지 않은가. 이 세상에서 제일 큰 어른은 예수님이시라네. 여기 이 성경에는 예수님의 말씀으로 가득하니 한번 읽어보지 않을 텐가."

"목사님, 그거 읽는다고 무슨 좋은 것을 얻을 수 있겠습니까? 나가는 것은 고사하고 오히려 간수들의 눈 밖에 나서 이곳의 생활이 더 힘들어지지 않습니까?"

"이 세상은 우리가 잠깐 왔다 가는 곳이라네. 지금 이곳이 아니라 저 천성을 바라고 살게나."

최 목사는 옥중에서 고생한 사도 바울의 옥중 서신도 비유를 들어 설명했다.

"바울 선생님은 핍박을 받아 옥에 갇힌 바 되었지만 자기가 죄인의 괴수라고 고백했지요."

그리고 자기도 하나님 앞에 죄인이니 조금도 어려워할 것 없이 터놓고 지내는 것이 좋다는 말을 하였다. 이러한 설명이 그들에게 호감을 갖도록 했던 모양이다. 최 목사가 자신들에게 이러한 말을 하기 이전에도 같은 유치장에 있던 파렴치범들까지 최 목사를 동정하던 터였다.

그러나 몸을 가누지 못할 지경에서도 최 목사는 오히려 그들을 바라보며 위로와 권면을 잊지 않았다.

"회개하고 예수 믿으시오."

이렇게 지내는 동안에 죄수들은 거의가 자기 죄를 자복하고 예수 믿고 바로 살겠다고 다짐을 하였다. 형무소에 온 강도, 절도, 사기범의 태반이 회개했다. 그리스도의 포근한 사랑으로 상처 입은 자들을 안아주었던 최 목사의 기도가 응답되기 시작했던 것이다.

"성령 안에는 악마가 살 수 없다!"

최 목사는 자신의 눈앞에서 벌어지는 수많은 회심의 순간들을 목도하며 다시금 생각했다. 그가 거하는 곳은 언제나 사막의 오아시스 같았다. 죽음의 사막에서 생명의 씨앗이 자라나듯이 죽었던 영혼이 소생하였다. 최 목사에겐 미국도, 영국도, 파리도, 일본 동경도, 경성 미쓰꼬시 백화점의 고급 중절 모자와 세루 두루마기도 필요가 없었다. 자기 마음속에 영원토록 목마르지 않는 물을 뿜어내는 생명수, 예수 그리스도 한 분이 있으면 그것으로 족했다. 자신에게 이 땅에서 허락된 물질적 축복이나, 하나님의 보좌 앞에 섰을 때 그에게 주어질 면류관의 크기, 자신이 받을 상급과 지위 등을 한가로이 생각할 겨를이 없었다. 어떻게 '예수 천당'을 전해야 하는가 하는 생각으로 늘 마음이 분주했기 때문이다.

문자 그대로 광음을 아끼는, 70이 넘은 주님의 종의 생활이 시작이 됐다. 자기 목숨도, 하나님이 주신 시간도, 하나님이 주신 모든 기회도 최대한으로 선용하였다. 모든 순교자들이 그러하듯이 최 목사의 옥중 생활은 성결한 것이었다.

면회, 그리고 가족

아내가 면회를 왔다.

"얼마나 고생을 하십니까?"

"아이들은 잘 있어요? 고생이 많지요?"

자신도 모르게 말을 했는데 자기가 한 말이 예수님의 뺨이라도 친 것 같고, 예수님을 안 믿겠다고 부인한 베드로의 실수 같기만 해서 가슴이 두근거렸다.

'아이들은 누구의 아이란 말인가? 다 하나님의 자식인데, 하나님 이상으로 그들을 보호할 수가 있다는 생각 자체가 잘못이 아닌가? 나는 내 생명도 재산도 처자도 다 주님께 맡기고 주님만 따라야 한다.'

마음을 다져 잡고 아내에게 말했다.

"항상 기뻐하라!"

아내가 빙긋이 웃더니 답한다.

"쉬지 말고 기도하라."

더 많은 대화가 필요하지 않았다. 이후의 면회 시간은 이처럼 전격적인 것이 되었다. 눈빛을 스치고 지나가는 찰나의 빛, 그것으로 대화를 했다.

최 목사는 어느 때보다도 바울 서신을 많이 묵상했다. 가족에 대한 마음보다 예수를 위해 헌신하고자 했던 마음이 더 컸던 그였지만, 서신서를 읽으며 바울을 거쳐 예수의 신들메 앞에 도착하기 위해서는 아직도 버려야 할 것이 많다고 생각했다. 무언가 결단이 필요했다.

'이러한 모습으로 우리 주님을 만나 뵐 수는 없지 않겠어?'

예수님 앞에 갈 날을 기다리며 자기의 예복을 깨끗이 세탁할 필요를 느꼈다. 성치 않은 몸, 아직 그의 몸 이곳저곳에 남아있는 핍박의 흔적을 안고, 그는 1944년 3·1절을 기해 40일 금식기도를 시작하기로 결단한다.

그런데, 그날 사모님과 아들과 딸이 음식을 준비해 가지고 면회를 왔다. 그는 반갑게 가족을 맞았다. 보통 때는 사모님에게 "항상 기뻐하라"고 말하면 사모님이 "쉬지 말고 기도하라"고 대답함으로 간단히 면회를 마치곤 했는데, 이날의 면회는 많은 대화가 오고 갔다.

"내가 금식기도 작정한 것을 알고 마귀가 맛있는 음식으로 시험하는군."

사랑스러운 눈빛으로 가족들을 바라보며 말했다.

"애들아, 집에 가서 날 위해 기도해야 한다. 그리고 금식기도가 끝나는 4월 10일까지 누구도 면회 오지 말고 함께 기도해다오."

걱정스러운 마음이 더욱 컸지만, 가족 누구도 그의 결단을 막을 수는 없었다. 안타까움을 참으며 가족들은 그러겠다고 고개를 끄덕였다. 그러나 왠지 모를 불안함이 엄습해 왔고 코끝이 찡해지며 눈시울이 붉어져 왔다.

"미안하다. 이 땅에서 주님이 가족으로 우리를 묶어주셨는데 내가 주님께 충성하다 보니 가정과 너희들에게 등한히 하였구나."

딸과 부인의 손을 잡은 그의 손이 살짝 떨려왔다. 누가 먼저랄 것도 없이 모두의 눈에서 눈물이 흘러 내렸다. 남편에 대한 원망도, 아버지에 대한 불만도, 가족에 대한 미안함도, 모두 씻겨나가는 순간이었다. 세상이 알 수 없는 평안함이 그 공간을 가득 메웠고, 성령님의 위로가 함께하는 순간이었다.

"하나님이 너희들을 지켜 주시고 축복하실 것이다. 내가 하나님 품에 안기게 되고, 너희들도 나와 같이 저 낙원에 가서 즐거이 살게 될 때, 그때 땅에서 못 받던 위로를 하늘나라에서 받자."

그날의 면회는 정이 넘치는 면회였다.

40일 금식기도

최권능 목사는 그날 가족이 가지고 온 음식을 모두 죄수들에게 나누어 주었다.

"목사님, 저희들끼리 먹으려니 죄송합니다. 이것 함께 드시고 내일부터 금식하시면 안되시겠습니까?"

최 목사는 말없는 웃음으로 대답을 대신했다. 금식을 시작하자 자기 일생의 허물을 덮어주고 아픈 마음의 상처를 싸매주었던 예수의 손길이 다시금 부드럽게 다가왔다. 하루하루가 그에게 새로운 의미로 느껴졌다. 지금까지 75세가 되도록 푯대를 향해 달음질해 왔던 최권능 목사. 그는 이제 천국문을 향하여 한걸음씩 나아가고 있었다.

최권능 목사의 지난 세월들은 산간 옹달샘의 물이 냇물을 따라 먼 바다를 꿈꾸며 흐르는 것과도 같았다. 돌바닥에 부딪치고 땅에 스미고, 다시 강바닥으로 솟았다가 흐르고 흘러서 바다에 다다르는 것처럼, 그의 생애는 단순한 것 같으면서도 굴절이 많은 생애였다. 그는 자신의 성경책에 쓰여 있는 '최권능'이라는 이름을 물끄러미 바라보았다. 자기의 본명이 최봉석인데 '권능'이란 이름을 가지게 된 것이 한없이 감사했다. 광야에서 방황하던 모세를 들어 이스라엘 민족을 구원하신 하나님께서, 핍박자 사울을 들어 바울로 세우사 이방인을 구원하신 그 하나님께서, 자신을 택하여 사용하신 것이 너무나 감사했다. 그는 뜨거운 감사의 눈물을 흘렸다.

"오! 예수님 감사합니다."

자신의 목소리가 귓가에서 메아리쳐 왔다. 의식이 점점 희미해지고 정신이 몽롱해져 갔다. 누군가가 옆에서 그의 어깨를 흔들며 무어라고 말하는 것 같았지만 그는 한마디도 알아듣지 못했다. 같은 감방에 있는 사람들은 시체가 다된 것 같은 최 목사를 감방 한 편에 자리를 펴고 눕혔다. 감방에 있는 죄수들은 혹시 최 목사가 오늘밤이라도 당장 세상을 뜨지 않을까 걱정을 하는 가운데 옥사장에게 연락하였다.

　최 목사의 가족과 또 그를 아버지같이 섬기던 임기봉 전도사는 며칠 전에 이미 병보석 신청을 내어놓고 비상 태세로 대기하고 있었다.

　"세상에 70이 넘은 노인을 6년씩이나 미결수로 골려 죽인단 말인가?"

　형무소 소장은 물론이고, 많은 사람의 관심이 평양 형무소의 최권능 목사에게 집중되어 있었다. 고문으로 몸이 약해진 데다가 70이 넘은 노인으로 40일 금식을 강행하다 병으로 쓰러지자 병보석이 받아들여졌다.

기독병원에 입원, 병상에서 전한 '예수 천당!'

　평양 형무소에서 병보석으로 석방된 때가 1944년 4월 2일이었다.

　　조선 예수교 장로회 목사 최권능은 몸이 극도로 쇠약해서 건강
　　해질 때까지 집에서나 병원에서나 건강이 회복될 때까지의 기
　　간으로 한정하여 보석을 허락하는데 보석 중에 어디서나 전도
　　하는 일은 절대 금지한다.

　이러한 경고를 받으며 병보석 출감을 하였으나 사실은 그때 최 목사의 몸은 이미 고문으로 임종에 가까운 몸이었다. 최 목사를 그의 부인과 딸 광옥 그리고 임기봉 전도사는 건넌방 청년의 등에 업히게 한 후 침울하게 평양시내 쪽으로 나왔다. 평양

의 봄바람이 그의 호흡에 닿았는지 성중으로 50미터쯤 왔을 때 최 목사는 기적적으로 의식이 차츰 돌아오기 시작했다.

"임 전도사 어디 있는가?"

"네, 여기 있습니다."

"나를 기독병원에 입원시켜 주면 13일간 살겠네."

최 목사의 가느다란 음성을 듣고 일행은 기독병원으로 발걸음을 돌렸다. 그 소식을 들은 산정현교회, 장대현교회, 서문밖교회 성도들이 병원으로 몰려들었다. 그의 주치의인 장기려 박사는 최권능 목사가 안정해야 한다고 하며 면회를 사절시켰다.

"장 박사, 그러지 마시오. 나를 위해 오는 자를 막지 마시오. 나는 복음을 전해야 할 게 아니오?"

최 목사는 장 박사를 설득해 찾아오는 성도들을 일일이 맞았다.

"목사님!"

"최권능 목사님!"

면회 온 교인들은 흐느껴 울기 시작했다. 그러나 최 목사는 오히려 성도들의 손을 꼭 붙잡고 그들을 위로했다.

"박 집사, 오 집사 합동해서 유익, 기뻐하라. 주기철, 박관준, 이기선, 안이숙, 우리의 모든 형제들을 위해 기도해 주시오."

이때 주 목사는 이미 순교하셔서 돌박산에 장례를 마친 뒤였다. 최 목사는 찾아오는 이들에게 생명의 주님을 증거하고 기력이 허락하는 대로 옥중 간증을 몇 마디씩 했다.

"잘 믿어, 굳건히 믿어야지."

병실을 나서는 사람들에게 어김없이 던지는 당부였다.

링거주사를 놓으려고 해도 살과 뼈만 남고 이미 혈관은 허탈이 된 지 오래라 공기가 다 빠진 자전거 타이어같이 되어서 놓을 수가 없었다. 그는 점점 더 기력이 쇠약해졌다. 흰 옷 입은 의사가 가까이 오면 경련을 일으켰다. 고문의 후유증이었다.

"나를 살려 주고 나를 보호해 주시던 예수님을 지금 모른다고 하라고! 말도 안되지."

자다가도 소리를 지르며 벌떡 일어나곤 했다. 그가 외친 이 말은 고문 받을 때 끝까지 굽히지 않고 반사적으로 이를 악물고 한 말이었다.

하늘의 부름, 주님 품으로

부활주일을 앞둔 1944년 4월 15일, 오후 12시 40분. 평소에 그를 아끼고 따르던 교우들과 부인, 자녀들이 최권능 목사의 병실에 모여 있었다.

"하늘에서 전보가 왔구나, 나를 오라고…."

그의 입에서 찬송이 흘러나왔다.

고생과 수고 다 지나간 후
광명한 천국에 편히 쉴 때
인애한 주 모시고 서는 것
영원히 내 영광 되리로다
영광일세 영광일세
내가 누릴 영광일세
은혜로 주 낯을 뵈옵는 것

참 아름다운 영광이로다

최 목사의 목소리는 성도들의 가슴속 깊이 메아리치기 시작
했다. 찬송이 끝남과 함께 미소를 남기고 최 목사는 운명하였
다. 그의 나이 75세였고, 이날은 주기철 목사가 순교한 지 4일
후였다. 평양의 어두운 밤하늘을 밝게 비치던 두 개의 큰 별이
4일 간격으로 주님의 부르심을 받은 것이다.

시신을 인흥리 325번지 아들집에다 모셨다. 1944년 4월 19
일 10시 자택에서 임종순 목사 집례로 장례식을 거행했다. 유해
는 돌박산 기독교인 묘지에 안장키로 했다. 오전 10시 30분에
발인했다. 산정현교회의 교인들은 남녀 모두 소복을 입었다. 때
가 때인지라 고등계 형사들의 눈을 피하여 2백여 명의 문상객
들이 장지까지 따르니 그 행렬은 대단했다. 흰 꽃으로 곱게 싼
상여는 우리나라의 고풍을 그대로 딴 것이었다. 오후 3시에 장
례는 끝났다.

해방 후 1946년 봄, 산정현교회는 그의 순교기념비를 건립하
였다.

"순교자는 말이 없어라 그래서 더 눈부신 빛깔 잠든 영혼을 일
깨우네 받은 것 모두 쏟아 텅 빈 우주 순교자 그래서 늘 푸른
향기로움 마냥 우리를 태운다. 한점 흐트러짐 없는 한 자락 흔
들림 없는 오직 생명으로 인각된 아 님의 발자국이여 그날 그
노을빛 언어 오늘은 사랑의 핵이 되어 우리의 얼 깊은 곳에서
빛무리로 폭발하여라"

제10장
목사 최천능에 관하여

그 무엇도 그의 의지를 꺾을 수는 없었다. 성경말씀에 비추어 한 치의 부끄러움도 없다면 그는 자신의 모든 것을 바쳐 지키려고 했던 것이다. 그러한 자신을 향한 사람들의 수군거림을 모를 리 없었다. 그럼에도 불구하고 그는 더욱 감사했다.

제 10 장
목사 최권능에 관하여

광인, 최권능 목사

이 땅에서 75년의 생을 산 최권능 목사에게는 그를 따라다니는 호칭이 또 하나 있었다. 그것은 '미친 사람' 이었다.

"죄 가운데 살다가 죽으면 지옥 갑니다. 예수님이 자기를 믿고 구원 얻으라고 십자가에서 당신의 죄를 위해서 대신 죽으셨습니다. 예수 믿어야 삽니다. 예수를 믿고 복을 받으시오."

"예수 믿으려도 당신같이 될까 봐 무서워 못 믿겠소."

"예수 천당! 불신 지옥!"

"에잇 퉤!"

그를 향해 침을 뱉고 지나가는 사람들도 있었다. 그도 그럴 것이 그의 행색이 얼핏 보아서는 거지와 다름없었기 때문이다. 추운 겨울에도 최권능 목사는 따뜻하게 옷을 입지 못했다. 그나마 입은 옷도 해어지고 모양이 초라했다. 노회가 열려 많은 목사들이 양장을 걸치고 참석하여도 그의 의상은 늘 남루하였다. 가끔 이러한 최권능 목사의 행색에 교회의 허드렛일을 하는 사람으로 오인하여 심부름을 시키는 이들이 있을 정도였다.

사람들은 최권능 목사를 미친 사람이라고 손가락질하며 조롱하거나 무시했다. 이러한 모습은 비단 불신자들에게만 있었던 것은 아니었다. 교회 안에서도 최권능 목사와 그의 전도 방법에 대한 비방이 끊이지 않았다. 그들 가운데는 서슴지 않고 미쳤다고 말하는 이들도 있었다. 노회에서 열정이 넘치는 의견을 제시하면 그것이 성경과 교회 앞에 신실한 충언일지라도 많은 이들의 조소 속에 묻혀버리기 일쑤였다. 그러나 그 무엇도 그의 의지를 꺾을 수는 없었다. 성경말씀에 비추어 한 치의 부끄러움도 없다면 그는 자신의 모든 것을 받쳐 지키려고 했던 것이다. 그러한 자신을 향한 사람들의 수군거림을 모를 리 없었다. 그럼에도 불구하고 그는 더욱 감사했다.

'예수에 미친 사람, 이 얼마나 자랑스러운 면류관이란 말인가?'

오히려 그는 자신이 받기에 너무나도 과분한 평가라고 생각했다.

'예수에 미친 자.'

매를 때리면 담요에서 먼지가 나듯 그에게서는 '예수'가 나왔다. 그는 예수의 향기로 가득했고, 그 몸에 예수의 흔적을 지녔다. 그에게 예수 외에 다른 것은 없었다. 그는 예수로 인해 핍박받았고, 예수로 인해 기뻐했다.

예수를 향한 그의 마음을 잘 알 수 있는 한 사건이 있었다.

1937년 7월 7일 중일전쟁의 시발이 된 노구교사건이 일어났다. 야간 연습 중이던 일본군 소속 사병 한 명이 총소리가 난 뒤 실종된 이 사건을 빌미삼아 일본군은 중국군을 공격하기 시작했다. 원인이 명확하게 밝혀지지 않은 이 사건은 그 진실 여부를 떠나 7월 11일에 중국 측이 한 발 양보하여 현지 협정을 체결함으로 일단락되는 듯했다. 그러나 일본인들은 계속 중국에 대한 강경한 태도를 늦추지 않았고, 그 앙갚음으로 중국인을 학살하기 시작했다. 이 통에 최권능 목사의 셋째 아들 광화가 중국인으로 오인을 받아 일본군인에게 혹독한 매질을 당하게 되고, 결국 광화는 집에 업혀온 지 며칠 되지 않아 숨을 거두고 말았다.

마침 평양노회가 남문교회에서 모일 때였다. 광화의 소문을 듣고 모두들 아들을 잃은 최권능 목사를 위로하려고 그의 곁으로 찾아왔다. 노영선 목사는 이때를 이렇게 회고한다.

아들이 먼저 하늘나라로 갔지만 최권능 목사님은 시종일관 웃는 얼굴이었습니다. "조선은 넓은 감옥이오. 이 감옥에서 벗어나서 자유로운 천국에 갔는데 내가 슬퍼할 아무런 이유가 없지 않소. 이 세상은 두고 보시오. 하나님의 것이오. 참으로 예수를 믿으면 항상 기뻐할 일 뿐인데요"라며 오히려 다른 이들에게 권면의 말씀을 전해주셨지요. 모두들 이러한 최권능 목사님의 성품에 탄복을 하고 말았습니다. 최권능 목사님은 모양만 목사인 사람들과는 전혀 다른 분이셨습니다.

"항상 기뻐하라!"

최권능 목사가 '예수 천당!' 만큼 많이 전한 말씀이다. 실로 예수에 미쳤던 최권능 목사의 전 삶은 예수에 대한 사랑으로 불이 붙어 있었다. 그가 전도를 하며 죽음의 고비를 넘긴 일화들은 셀 수 없을 정도로 많다. 밤에 동네 불량배들이 막대기와 몽둥이와 돌을 가지고 떼를 지어 와서 죽을 만큼 때리고, 기절한 최권능 목사를 죽은 줄 알고 동네 어귀에 내다 버린 적도 있었다. 비몽사몽간에 누워있던 최권능 목사의 귓가에 '일어나라'는 음성이 들려 벌떡 일어났더니 아픈 데도 없고 맞은 상처도 없었다. 최권능 목사는 예수님이 자신을 어루만져 주신 것이라고 믿고 더욱 전도에 박차를 가했다.

만주에서는 마적들에게 전도하다 매를 맞아 사경을 헤매기도 했고, 강퍅한 자들이 최 목사의 다리를 꺾고 허리를 상하게 하는 일도 있었다.

한번은 귀신 당직을 불살랐다고 부지깽이를 가지고 나와 최 목사의 옆구리를 마구 찔러 심한 상처를 입은 일도 있었다.

언제나 주님은 자신의 이름으로 인해 상함을 받은 최권능 목사를 기적처럼 소생시켜 주셨다.

그는 예수를 위해서 죽고자 하고, 예수를 위해서 살고자 함으로 예수와 하나가 되기를 간절히 원했던 것이다.

섬기는 종, 최권능 목사

"그를 미치광이라고 업신여긴 사람도 있었지만 광인들에게서 볼 수 있는 그 어떤 것도 저는 발견하지 못했습니다. 최권능 목사님은 솔직하시고 공손하신 분이셨습니다. 외모나 행동도 몹시 깨끗한 인격자셨죠. 식사하실 때에도 언제나 정갈한 모습을 잃지 않으셨고, 오랫동안 함께 자리를 해도 노인들에게서 맡을 수 있는 냄새가 전혀 없으실 정도로 깨끗하신 분이셨지요. 어쩌다 수줍어하시는 모습이 그분의 얼굴에서 나타날 때면 언니와 나는 서로 쳐다보며 미소 짓기도 했습니다.”

안이숙 여사의 최권능 목사에 대한 회고다. 안 여사는 “예수 천당!”이라는 목소리가 저 멀리서 들려오면 언제나 그를 대접할 준비를 했다고 한다.

“누님, 저 왔습네다.”

최권능 목사는 무척 겸손했다. 나이의 고저를 떠나서 남자면 누구든지 형님이고, 여자는 누구든지 누님이라 불렀다. 그래서 아버지뻘이나 되는 노 목사가 안이숙 여사를 누님이라고 부른 것이다. 안이숙 여사는 누님이라고 불릴 때마다 참 난처했다. 자신의 어머니에게도 누님이라고 부르고 언니에게도 누님이라고 부르며, 자신에게까지 누님이라고 부를 때면 터져 나오는 웃음을 참지를 못했다.

“목사님, 누님이라 부르지 마세요.”

“왜요?”

“목사님이 저를 누님이라고 부르실 때마다 자꾸 웃음이 나옵니다.”

“아니 뭐가 그리 우스우세요?”

“제가 원래 좀 웃음이 많아요. 우리 교인들 모두가 죽으려고 준비 중인 사람들인데 좀 더 거룩할 필요가 있잖아요. 저만 자꾸 건들건들해 보이는 것 같아서 좀 민망해요."

"음…."

최권능 목사는 무엇을 깨달았는지 그때부터 안이숙 여사를 부를 때면 꼭 '안 선생'이라고 불렀다고 한다. 그는 이처럼 다른 이들을 높이고 존중할 줄 알며 섬기는 자였다.

당시 많은 믿음의 동역자들이 수배를 받아 위험에 처해 있다는 것을 알고 있었던 최권능 목사는 자신이 그 매를 모두 맞을 테니 걱정 말라며 그 누구보다 '예수 천당!'을 우렁차게 외치며 거리를 활보하였지만, 성도들의 집을 드나들 때면 잠시 외침을 멈추곤 하였다. 자신으로 인해 형사들에게 발각되지 않게 하기 위한 배려였다.

이러한 성품의 최권능 목사는 무엇이든지 베풀기를 좋아했다. 그의 사는 형편이 넉넉했기 때문이 아니었다. 그가 거했던 오막살이집에는 나무와 쌀이 떨어지는 때가 적지 않았다. 그럼에도 그는 찾아오는 손님을 위해 호주머니를 털어 무엇이든지 베풀려고 하였다.

나눠 줄 것이 없으면 그의 마음이라도 나눠주었다. 최권능 목사를 찾아온 사람들은 근심하지 아니하고 범사에 감사하며 기뻐하는 모습을 보여주었던 그의 따뜻하고 다정한 심성에 감탄을 하며 집을 나서곤 하였다.

특히 그는 해학과 풍자에 기발했다. 그 해학은 단지 사람을 웃기거나 우습게 만들기 위한 저급한 농담이 아니라, 슬픔과 근심 가운데 있는 이들의 마음을 위로하는 것이었다. 또한 그의 풍자는 골수를 쪼개고 들어가 강한 여운을 남기는 말로 가득했다.

예수 그리스도의 심장을 품은 최권능 목사. 그의 모든 생각과 말 그리고 행동은 예수 그리스도를 닮은 섬김을 통해 그리스도의 사랑을 증거하고 있었던 것이다.

능력의 전도자, 최권능 목사

마땅히 사랑받을 만한 자, 타인을 미워하지 않는 자, 역정을 내지 않는 자, 인격을 모독하지 않는 자, 철면피스러운 일을 하지 않는 자, 솔직한 자, 공손한 자, 미안하다는 말과 감사하다는 말에 인색하지 않는 자, 남을 욕하지 않는 자, 아첨하고 게으른 것을 싫어하는 자. 최권능 목사에 대한 지인들의 평가다.

하지만 이러한 성품의 최권능 목사도 '회개하라'고 외칠 때의 위엄은 사뭇 무서움이 느껴질 정도였고, 불의를 참지 못하는 그는 교회가 말씀에서 벗어나려 할 때면 비분강개한 말을 서슴지 않고 토해내는 불 같은 모습을 지니고 있었다. 그러나 그의 언중에 독이 없다는 것은 모든 사람이 알고 있었다.

참으로 그는 전도자였다. 시대를 향해 하나님의 말씀을 대언하는 선지자였다. 그는 참으로 예수 믿기가 재미나다는 것과, 그 무한한 환희를 안 전도자이었다. 전도하고 교회 세우는 일 이외의 일체를 헌신짝같이 생각했다. 그는 지식을 애써 구하려 하지 않았다.

"나는 예수를 전하는 기계로 족하다."

전 생명을 바쳐 구원을 위한 백절불굴의 소리를 내는 하나님의 확성기였던 것이다. 하나님이 그를 지명하여 불렀고, 주님이 그에게 전도의 사명을 심어주셨으며, 그의 사역 가운데는 언제나 성령님이 함께 동행하셨다.

그의 별명처럼 그가 권능의 사역자였음을 조선 예수교 장로회 사기 1907년조는 다음과 같이 증거한다.

최봉석이 조사로 피임, 본읍에 내왕하여 열심 전도할새 이적이 수현이라

그가 뿌리고 거둔 복음의 수확은 그 누구도 감히 흉내낼 수 없는 것이었다. 그것은 한국 기독교 역사에 거대한 획을 긋는 성과였고, 평양대부흥의 보이지 않는 큰 원동력이었다. 이러한 쾌거를 누구보다도 기뻐한 것은 주님이었을 것이다.

전도자 중의 전도자인 최권능 목사가 어두워가는 영계의 밤하늘에 둥두렷이 명월로 떠오르게 된 것은 결코 우연이 아니었다. 당시 한국 교회는 최 목사를 필요로 했다. '최봉석'이라는 본명보다 '예수 천당' 혹은 '최권능'이라는 대명사로 불리웠던 그는 분명 한국 기독교 여명기에 하나님이 한국 교회에 주신 축복이었던 것이다.

"예수 천당!"

세례 요한이 광야에서 외쳤던 외침을 떠올리게 하는 이 부르짖음은 어둠에 놓인 이 땅을 밝히는 빛이었다. 빛이 반드시 어둠을 이기고 승리함을 우리는 최권능 목사의 삶을 통해 다시금 깨닫게 된다. 그는 분명 수난시대에 예수 그리스도의 재림을 준비한 한국의 엘리야였다고 평가해도 결코 과언이 아닐 것이다.

그는 독립운동가는 아니었다. 정치인도 아니었다. 위대한 신학자도 아니었다. 그러나 예수 그리스도를 전하는 그의 외침은 서울에 있는 조선 총독부를 향해, 압록강을 건너서 만주 벌판을 향해, 현해탄을 건너서 아시아 천지를 마음대로 먹어 치우려고 이빨을 갈고 있는 군국주의 일본을 향해 뻗어나갔고, 불의한 자들을 두려움에 떨게 하고, 억눌린 자의 심령을 위로하는 울림이었다.

또한 그의 외침은 개화를 타고 밀어닥치는 도덕적 부패를 막아내는 성령의 방패였다. 덮쳐오는 마귀의 해일을 향해 바다를 잠잠케 하신 예수 그리스도의 권능을 힘입어 외치는 거룩한 명령이었던 것이다.

그가 세운 교회 수가 80여 개. 그로 인해 예수 그리스도를 주로 고백한 이들이 수천, 수만에 달하니 그는 그대로 전도의 큰 불덩어리였다. 그러나 그가 어느 교회의 담임목사였는지를 묻는 이들에게 역사는 침묵할 것이며, 그를 오늘의 수만 명 교회의 담임목사와 비교하거나 유명한 부흥사와 견주는 우를 범하지 않을 것이다.

최권능 목사의 발걸음이 닿는 곳은 어디든 그의 사역지였고, 그가 만나는 사람은 누구나 그의 교인이었던 것이다. 하늘과 땅, 그게 그대로 주님과 만나는 예배의 처소가 되었다. 그는 노상에서 어느 목사도 엄두조차 내지 못할 가장 힘 있고 가장 권세 있는 기상천외의 부흥회를 날마다 인도했고, 그의 호흡이 다할 때까지 전했다. 자기의 입이 그대로 집회의 종소리였고, 그게 그대로 설교의 요지였다.

또한 그는 분명 명설교가였다. 그는 예수 그리스도의 복음 이외의 어떤 것도 말하지 않았다. 그는 그의 설교를 미사여구로 치장하지 않았고, 감언이설로 설득하지 않았다. 가장 복음적이면서도 분명한 메시지를 전했다. 더 이상 그처럼 간단하고 명료한 설교를 했던 사람은 아마 기독교 2천 년의 역사상에서 그 유례를 찾을 수 없을 것이며, 이후로도 그러할 것이다.

"예수 천당! 불신 지옥!"

"예수 믿고 살 텐가, 안 믿고 지옥 갈 텐가! 이 불쌍한 인생들아…."

예수와 마귀, 천당과 지옥의 이율배반적인 이 슬로건은 가장 요약된 전도의 대전제로 주님 오시는 그 날까지 수많은 영혼을 향해 메아리쳐 울릴 것이다.

믿음의 선배, 최권능 목사

최권능 목사가 이렇게 애절하게 '예수 천당! 불신 지옥!'을 부르짖던 그 시기의 우리 한국은 참으로 어수선한 시대였다. 비단 한국만이 아니고 세계 전체가 불안의 심연에서 허덕이던 시기였다.

조선 예수교 장로회 사기는 전시대와 금시대를 비교하여 다음과 같이 언급하고 있다.

① 도덕적으로 전시대는 귀의경재하더니, 금시대는 견리망의 하니 도덕부패요.

② 윤리적으로 전시대는 효부모 경장상하더니, 금시대는 박부

모 능장상하니 윤리배역이요.

③ 경제적으로 전시대는 유항산 유항업하더니 금시대는 실항
   산 실항업하니 경제파멸이요.

④ 사상적으로 전시대는 유교와 유신론이 지배하더니 금시대
   는 유물론과 무신론이 지배하니 사상타락이라.

따라서 최봉석 목사가 그 어둠 속을 비치지 않고는 견딜 수
없는 서광이 된 것이었다. 그러나 20세기 초엽의 시대적 상황
과 오늘을 사는 우리의 상황을 비교해 볼 때, 영적으로 더욱 어
두워져 가고 있음을 발견하는 것은 그리 어렵지 않다. 세상은
더욱 악해져 가는데 지금 우리에게 최권능 목사와 같은 복음의
용사가 없음은 어찌된 일인가!

"벙어리!"

최권능 목사의 꾸짖음이 귓가에 들려오는 듯하다.

"신자면 왜 내게 전도하지 않는가!"

길거리에서 전도지를 나누어주는 이들에게 교회 다닌다며 바
쁜 발걸음을 재촉하는 우리의 모습을 지켜보며 최권능 목사는
오늘도 그 우렁찬 목소리로 책망한다.

백여 년 전 한국교회의 부흥은 단지 기도와 회개로만 이루어
진 것이 아니었다. 그들은 사경회를 통해 말씀을 배웠고, 그들
은 말씀을 전했다. 한국교회 초대교인들에게 전도는 연중 행사
가 아니었다. 그것은 곧 그들의 삶이었다. 전도를 향한 그들의
열정은 '죽으면 죽으리라'는 결단의 헌신을 통해 뒷받침 되었

던 것이다.

　오늘, 이 거룩한 믿음의 선배의 생애가 담긴 전기를 앞에 두
고 우리는 무엇을 해야 할 것인가?

최권능 목사님을 회고하며

주님,

저는 그가 그렇게도 당신에게 미쳐 버린 것을 보았습니다.

그는 이 시대의 기적이요, 또한 살아있어 역사하는 권능이었습니다.

주님께 청종하려고 와들와들 떨며 나아가는 이 꺼져가는 등불 같은 약한 여종에게 주님은 그렇듯이 거인적인 용감한 대인물을 보내주셔서 그렇게도 가까운 신앙의 선배가 되게 하신 것을 어떻게 다 감사해야 할까요?

죄악의 장막이 이렇듯이 깔려 덮인 이 비상한 암야에서 이렇듯 대장군의 모범적인 신앙 역사를 듣지 못했으면 얼마나 더 어둡고 더 어리석었겠습니까?

사랑은 아름답습니다.

성도가 서로 사랑하고 모이는 자리는 천국의 지소가 되기 때문입니다.

어느 때인지 모르나 한때는 우리는 다 천국 보좌 앞에 모여지겠습니다.

선배들을 그 광명한 자리에서 만날 때 그같이 지나온 어둡고 험하던 세상길을 기억하고 주님을 앞에 모시고 우리는 다 같이 환담하고 기뻐 뛸 것입니다.

안이숙 저, 「죽으면 죽으리라」 중에서

163